超級神算

八字十神洩天機 【上冊】

超越時空、超越傳統、超越大自然的八字工具書

結合時空論命訣竅及易經原理、直斷訣，論命技巧與思想、精華串連起來彙集而成的一套學術

繼八字時空洩天機雷風集後
史上最空前舉世的編排組合

◎太乙（天易）編著

# TOO_Sg 目 錄

本書幕後靈魂人物 …………………………………06

前言 ……………………………………………07

導讀 ……………………………………………10

年月日時四柱的個別意義—年柱 ……………16

年月日時四柱的個別意義—月柱 ……………18

年月日時四柱的個別意義—日柱 ……………19

年月日時四柱的個別意義—時柱 ……………21

## 第一篇：基礎觀念篇 ………………24

### 突破改造八字五行生剋的定律

第一節. 五行於一天內的形成 ……………24

第二節. 五行的屬性 ………………………26

第三節. 五行的特性和象徵 ………………28

第四節. 傳統五行的基本規律 ……………36

第五節. 五行之間的生剋制化 ……………42

五行體系表 ……………………… 55

## 第二篇：八字築基篇

第一節. 十天干 ……………………… 57

十神參照表 ……………………… 61

2

第二節.十二地支 ･･････････････ 81

第三節.十二地支代表的十辟卦及類化取象···84

第四節.十二地支微氣藏干 ･････････88

第三篇：

時空論斷及推命之步驟要領 ･････････93

四字八字(五柱、十字)命盤排法 ････････93

第一節.排年柱 ･･････････････96

第二節.定月令 ･･････････････ 97

第三節.排日柱及時柱 ･･････････ 107

　　　日柱起時柱排列表(五鼠遁 )･････ 112

第四節.第五柱分柱排列法 ･････････ 133

　　　夏令時間表(農曆) ･･･････ 117

第四篇：天干地支的刑沖會合害分析･････ 118

第一節.十天干化合的變化 ･･････ 118

第二節.地支六合 ･･････････ 133

第三節.地支三會 ･･････････ 140

第四節.地支三合 ･･････････ 156

第五節.地支六沖 ･･････････ 178

T00_Sg

　　　六沖於四柱詳解 ⋯⋯⋯⋯⋯ 188

　　第六節.地支六害 ⋯⋯⋯⋯⋯193

　　第七節.地支相刑 ⋯⋯⋯⋯⋯201

第五篇：

六十甲子一柱論事業、公司、老闆⋯⋯ 215

　　第一節.甲木 ⋯⋯⋯⋯⋯⋯⋯⋯ 218

　　第二節.乙木 ⋯⋯⋯⋯⋯⋯⋯⋯⋯ 222

　　第三節.丙火 ⋯⋯⋯⋯⋯⋯⋯⋯ 226

　　第四節.丁火 ⋯⋯⋯⋯⋯⋯⋯⋯ 230

　　第五節.戊土 ⋯⋯⋯⋯⋯⋯⋯⋯ 234

　　第六節.己土 ⋯⋯⋯⋯⋯⋯⋯⋯ 238

　　第七節.庚金 ⋯⋯⋯⋯⋯⋯⋯⋯ 242

　　第八節.辛金 ⋯⋯⋯⋯⋯⋯⋯⋯ 246

　　第九節.壬水 ⋯⋯⋯⋯⋯⋯⋯⋯ 250

　　第十節.癸水 ⋯⋯⋯⋯⋯⋯⋯⋯ 254

第六篇：

十神(六神)導引事象細節延申 ⋯⋯⋯ 258

　　第一節.財星的生成事象及管道⋯⋯⋯ 260

TOO_Sg

第二節. 官殺的生成事象及管道……………… 271

第三節. 印星的生成事象及管道……………… 281

第四節. 比劫的生成事象及管道……………… 291

第五節. 食傷的生成事象及管道……………… 301

第六節. 十天干對求財、求事業、

求感情的解析…… 313

第七節. 十二宮位解析………………………… 329

第八節. 快、狠、準的十神直斷秘訣……… 332

第九節. 十神與心性的展現………………… 340

**附錄**

**太乙(天易)老師經歷、著作、簡介**… 344

**本書編著，服務項目**……………… 345

開啟八字命運的金鑰匙 終身班課程簡介…… 346

太乙兩儀卜卦法秘訣傳授簡介 ……………… 347

易林堂發行圖書介紹 ………………………… 348

宏宥老師面相課程內容及大綱 ……………… 350

時空洩天機－雷、風集函授資訊 DVD 來了…… 351

# 本書幕後靈魂人物

　　本書的著作完成，是經由很多的責任分工，包含打字、校稿、編輯、美工，更是有文章及心得筆錄的提供。

　　由小孔明老師(蔡志祥老師)、宏宥老師(廖宏宥)、何美慧(家誼)師姊及許碧月師姊的心得整理提供。

　　小孔明老師於命理五術的觀象有獨特的見解，對於八字的造詣更是獨一無二，出神入化的推理，無人可比，能直斷事情的真實屬性及數目字的多寡，以及前世因果，這是八字命理界最高的學術，無法突破的瓶頸，但於小孔明老師卻是斷驗如神，如同孔明再世。

　　宏宥老師將面相結合八字，獨樹一格，創造出很多的不可能，能再三秒鐘內完成觀象解盤，直斷妻、財、子、祿之吉凶事項，其快狠準的直切方式，更是令人瞠目結舌、驚嘆不已。

　　目前小孔明老師與宏宥老師都在台南市救國團大學路教授八字、數字、面相及命理、五術之相關課程。

　　太乙文化事業的許碧月師姊，虔心研究佛學、生死學、命理學有相當獨特的見解。以及生活美學附設長青大學副班長何美慧(家誼)師姐，提供了很多上課筆錄，何美慧師姐對於中醫、五術、八字的研究相當投入，有獨特的心得。　　在此感謝四位師兄、師姊的提供，你們是本書幕後的四位靈魂人物。再此感謝您們。

# 前 言

　　學習五術、命理、陰陽宅、姓名學，若無法改變自己的事業、生活環境、經濟、財運及心性，那麼您應用的理論我敢直斷有偏差的、是錯誤的，您所學到的學術是偽訣，而非五術堂奧，此時我建議您可轉換跑道直接加入「太乙文化事業」的師資班終身學習行列，目前全省沒有任何一個老師敢保證教學的成功率，只有太乙敢保證教學的成功率，我們的成功率已達90%，此90%的成功率是包括已培訓成為職業老師，以及有開館在幫人論命收費的，而另外10%是有自己的事業在經營，所以是學習來運用在自己人際互動與抉擇使用，而沒收費服務，此沒有收費服務，我稱為不成功的10%，這就是來「太乙文化事業」學習八字的成果。

　　「八字十神洩天機」系類書籍，是彙集十神生成導引之事項細節延申、時空論斷及推命之步驟要領、論命之斷訣，八字天機秘論、個性導引十神代表、六十甲子一命柱論事業、公司、老闆、六十甲子配合六十四卦、一柱斷訣之情性，以及再次經過精心設計編排精校的八字直斷式祕訣，日柱天干對應月干及時柱兩百組活用字典，結合時空論命訣竅及易經原理，讓您

當下即時查詢生日的干支，直斷事項，所以定名為「洩天機」。

「洩天機」來至於天機秘斷（八字論命直斷訣），來至於上天給予的大自然能量，易經之干支訣，超越時空、超越傳統、超越大自然的八字工具書，總之「洩天機」系類書籍就是敢於與眾不同的編排組合，年、月、日、時到分柱第五柱排列論斷，講的是過去、現況及未來時空，您可以購買「史上最便宜、最精準、最實用的精校萬年曆」易林堂文化事業出版，是最精準、最便宜的工具書，直接查對。

此直斷秘訣來至家父「王福寶」與恩師「王長壽」的八字論命捷徑，此為兩位恩師他們早期師承口傳心授的論命訣竅，又稱天機秘論，他們在學習的過程中，都是師父口述，弟子筆錄，此經由兩位恩師的許可答應，特此公開與有緣人分享，總共有一千零八十條，分天地人三集，請拭目以待。在此也感謝兩位恩師不吝教導，感恩、感恩！

目前已上市出版的「八字時空洩天機—雷、風兩集」及「解開神奇數字代碼《一》」及「八字決戰一生」都可成為八字活字典，已受到數十位命理大師的肯定並廣為引用，成為活教材，以及是師資養成的祖傳秘訣，更是網路排行榜八字命理暢銷書籍，本作

者將會有一連串「八字時空洩天機」系類與「**解開**
**神奇數字代碼**」系類及「八字十神洩天機」系類
的書籍問世，讓您有耳目一新的呈現，您可購買教學
DVD，先睹為快，讓您知道「八字時空洩天機」的魅力
再哪裏(於第 351 頁有詳細介紹)，而且在明年民國一百
零二年（癸巳年）你將親眼目睹此學術，猶如雨後春筍
般，讓您目瞪口呆，嘖嘖稱奇。

　　本系類書籍就是要讓您如何知命、用命、運命，由
觀察大自然無常現象的變化，體驗出其中的道理，強
調的是德行、能力、契機與智慧融合的一套萬用命理
書籍。

　　最後感謝各位讀者的支持，再次購買「八字十神洩
天機」，有您們的支持是作者動力的泉源，日後將有一
連串《洩天機》書籍系類問世，請拭目以待、指教。

編著　**太乙**　謹識

賜教電話：**0982571648**　**06-2158531**

中華民國一百零二年元月1日

歲次壬辰年農曆小寒前 4 日丁卯日

# 導 讀

## 您出生的年、月、日、時這組數字代表的生命元素是什麼?

「四字八字學」顧名思義就是用您自己的出生年、月、日、時為依據資料,翻查閱易林堂出版萬年曆記載的干支排列之後,可以得到排列組成的四組干支,每組干支兩個字,就成了八個字。年、月、日、時四組干支各有 2 個字,共有 8 個字,四個組合,是為「四柱」,八個字就成「八字」,稱之**四柱八字學**。

藉由這八個字的互相對應關係,產生大自然的五種物質「木、火、土、金、水」,由它們相互間的相生相剋關係,用了十種代表人事地物的星宿,學術上稱之為十神,在八字裡十個星神,分別是「比肩星、劫財星、食神星、傷官星、偏財星、正財星、七殺星、正官星、偏印星、正印星」,這些星宿各自有自己的人、事、地、物代表意義及特性,不同的組合會產生各種人、事、地、物的變化,非常的有趣。用這些資料來觀察、判斷、分析、解讀每個人的個性特質、能力、興趣、專長、發展方向潛能,以及輔佐選擇朋友、感情、配偶、伙伴或者對工作、事業屬性、理財、對子女的教育都具有很好的參考價值。

　　「**四柱八字學**」有個比一般學術更方便之處，就是沒有準確出生時間的人也可以藉由出生年柱與親朋好友的出生年柱干支組合，而論其互動後產生的吉凶變化，或者**可以不用任何資料**，而論斷其六親、感情、婚姻、事業、財利、身體、住居之一切的吉凶悔吝，稱之「八字時空論命」，於本人著作「八字時空洩天機－雷、風兩集」雅書堂出版社，有詳細的論述，這是太乙文化事業師資群獨特之學術功夫，別人不能，「太乙文化事業的師資群」能，也可用出生的日查到自己的生命代表元素，學理稱「日柱」，不像其他命理學術或其他八字學派大都需要完整的時間方可準確的論斷。

　　以自己「日柱」所代表的生命元素為中心點，對應其它干支或對應人際關係互動，彼此會產生生剋交互關係，然後衍生出十個星宿「比肩星、劫財星、食神星、傷官星、偏財星、正財星、七殺星、正官星、偏印星、正印星」這十個星宿各自有其不同的特性及意義，四柱八字學是由此十個星宿進而產生推算。

　　每個人的出生日不同，大致上分為六十種組合，這是單獨以出生日而言，所以其生命代表元素共有六十組，但是遊戲法則是您必須先知道自己是什麼元素組合。建議您將身邊親近的朋友，用萬年曆查出他們各代

表的生命元素（可購買易林堂出版的「史上最便宜、最實用、最精準彩色精校萬年曆」查詢），你會發現彼此之間不同干支所產生相生、相剋的有趣互動關係，通常我們會跟同五行屬性、地支三合、六合、天干五合的人比較投緣，生我的人我會覺的囉嗦，我剋的人，我會給他壓力；查出來之後，您會發現你身邊的親友大多屬於差不多是哪些元素的人，非常的有趣！

　　目前網路上有很多的八字命理諮詢網站，可方便大家在網路上查到自己的八字命盤，但我還是建議您購買「易林堂出版的萬年曆」查詢，因為從查詢當中，您可以體驗到不同的樂趣及成就感，而且可練排盤的速度及準確度。

　　例如今年壬辰年農曆一月十二日上午十點生，查「易林堂萬年曆」彩色頁 228 頁，一月十二日還在黃色區塊，在查詢節氣時間要一月十三日下午 18 時 22 分，才變為紫色區塊，所以出生日期不是屬龍，而是辛卯年屬兔的十二月令辛丑月的甲午日，上午十點生，查詢「易林堂萬年曆」，單色部份十三頁日柱起時柱排列表，一月十二日為「甲午日」（國曆 101 年 2 月 3 日），用甲己之日之表格往下對照，找午時，午時為庚午時，所以其八字：

如下：

|   偏 | 日 | 正 | 正 |
|---|---|---|---|
|   官 | 主 | 官 | 官 |
|   庚 | 甲 | 辛 | 辛 |
|   午 | 午 | 丑 | 卯 |
|   傷 | 傷 | 正 | 劫 |
|   官 | 官 | 財 | 財 |

　　共有辛卯、辛丑、甲午、庚午八個字，年、月、日、時各兩個字，右邊年、月四個字「辛卯、辛丑」，左邊日、時四個字為「甲午、庚午」，以出生日的日干為中心點為其主體，也代表本命的元素，與其他干支（年、月、日、時柱及日支）與日主所產生的生剋交互關係，然後會出現不同的星宿搭配，此法以八字學稱之「十神法」。以此例生命元素（以下簡稱日主）的代表字是「甲木」，所以此日主以「甲木」為他本身的生命元素。

**流年：**是代表每一年的運勢，**流月**是三十天的運勢。

**大運：**指的是每十年為一個運勢，外面所有的八字老師很注重大運，大運每柱管十年，但依本人二十餘年的研究心得，發覺大運是荒謬之論，因為十年內要發生的人事地物及生離死別之事，常有所在，無法明確主宰；我們可用每年(流年)的變化及每月(流月)的變化來做推論，準確度又高，又不攏統。每個流年、流月、大運一樣有兩個字，與日主(生命元素)互動生產生剋後會有十種星宿的變化。流日也是同樣的道理。

**依此例四柱八字命盤中的「四柱八字」分別代表：**

　　年柱的代表字是「辛卯」，年干是辛，年支是卯，他對應的人事是祖墳、神明廳、祖先、長上、童年環境、祖上餘蔭，祖父母宮、福德宮，大約是 01~20 歲的運勢，對應個性。(於六親宮位祖父母為年柱、父母親為月柱，但於實際的應用又可分祖父母還在時，年柱為祖父母宮位，月柱為父母宮位；祖父母已不在了，年柱為父母宮位，月柱為兄弟姐妹宮位。)

　　月柱的代表字是「辛丑」，月干是辛，月支是丑，他對應的人事地物為父母親、兄弟姐妹、原生家庭事物、環境、客廳、孝親房、財帛宮、父母宮、兄弟宮、官祿宮，也可代表福德的多寡，大約是 17~40 歲的運勢、對應個性及事業、感情。

　　**日柱**的代表字是「甲午」，日干(日主生命元素)是甲，日支是午，對應的人事地物是自己本身(天干)、自己本身內在思維(地支)；配偶(地支)、婚姻狀態、婚姻感情互動情形、配偶對象的特性長相、主臥室，此日柱又可代表待人處世的態度、個性理念自信，命宮及夫妻宮、疾厄宮，結婚前又可代表兄弟宮，大約是 41~60 歲的運勢，對應事業、感情、財務狀況。

　　**時柱**的代表字是「庚午」，時干是庚，時支是午，對應的人事地物是子女、屬下、學生、事業、人生的結果、晚年生活狀態，子女宮、疾厄宮、事業宮、遷移宮、奴僕宮、性能力、廚房、廁所，大約是 61 歲以後的運勢、對應晚年運的一切。

# 年、月、日、時，四柱的個別意義

## 年柱

　　如果把年、月、日、時當作是一個人，那麼年柱為頭部，月柱為胸部，日柱為腹部，時柱為下腹部，如果把年、月、日、時人比喻為一棵樹木，那麼年柱就像是樹的根基，我們稱之根，一個人是否得到長輩福蔭的庇佑、福蔭，出身環境如何?是否優渥、學習環境好不好，大約可以在年柱看出事項的一個體及原由。

　　通常年干出現正印、正財、偏財、食神，正官且為喜用神的人(請參考 258 頁至 328 頁)，容易出生於良好的環境、父親事業順利(這裡指的是物質環境優渥)。而年干出現傷宮、七殺、偏印、劫財、則生活環境較為普通或甚至較為困苦，不管祖父母或父母親環境如何，大都較無法受到庇蔭，求學階段成積不理想。(十神配合十天干其準確度更正確)

　　傳統八字書籍最喜歡年柱出現財星，且月柱出現正官，為財星生官星，大都出生於富貴家庭得父母親之福蔭。或是食神與財星的組合稱為食神生財星，幼年豐衣足食，父母親事業順利。此宮位稱之「福德宮。」

　　如果出現劫財、比肩且又出現財星（請參考 258 頁至 328 頁），則通常父母有一方因遠方工作或聚少離多，不容易在命主身邊，輕者父母不合，重者單親、父母離婚或父母早亡（可用大自然定律法則化解，並加強財星之力量）。

　　年干正官，通常是長子或獨子，或擔當家庭責任、較有責任感，家庭的管教、約束力較多，也較有抗壓性，日後易成為優秀的管理人才。年柱大約是 01~20 歲的運勢，也代表此歲數所顯現的個性特質及環境。

　　當流年、流月、行限與年柱干支產生沖剋時，通常會有搬家、祖墳遷移或長輩發生一些煩惱的事情，意外之災或健康疾病的問題，需要我們去操心煩惱，最好的方法是去整理祖先墳墓，化解年柱所受的傷害。如果幼年運就直接沖剋影響到年柱，通常在幼年的生長環境上，父母事業走下坡，家道衰退，較為動盪不安，心靈上會受到一些挫折、壓力，學習環境不佳、成績不理想。

## 月柱

　　如果把年、月、日、時當作一個人，那麼月柱就是胸部；如果比喻為一棵樹木，那麼月柱就是樹苗，也如同樹的樹幹，其主導的歲數運勢大約是 17~40 歲的運勢，所以對於一個人人生學習的階段影響很大，成敗來至於月柱給的能量，因為是命主人生的開始，對應的是人生面臨事業的決擇，我們稱為官祿宮及福德宮，也是原生家庭宮位父母宮、兄弟宮，相當於命造本人身邊親近的人、事、地、物；如果是生扶日主，通常也是命造本人對於原生家庭的內心狀態、心性，想法會比較穩定、積極、樂觀，對於命造本人的個性，待人處世原則，價值觀的好壞，會有一定的程度影響，因為年、月柱也為先天的宮位，上天給予的福德宮。

　　所以當流年、流月、行限來沖剋月柱時，對命造本身會產生很大的家庭生活變化或傷害，尤其如果又在此行限逢流年沖剋，流年又與月柱產生沖剋時，對命造本人的傷害是明顯的，而且常有無妄之災，甚至會影響到日後整個運勢，年柱與月柱不喜歡互相沖剋，尤其年柱與月柱的天剋地沖，如此對於命造本人的生長環境是不穩定的、是動盪不安的，是有很大的生活壓力及學習磨練，命造本身常常會缺乏安全感，情緒高低起伏很

大，個性也會較為極端偏激，衝突性很大，情緒管理差而且較悲觀，容易誤交損友而誤入歧途，成就發展受創。但也因有環境的鍛鍊，而產生特殊的才華及人格特質，有不少傑出的企業家及偉人也因此產生，所謂「天將降大任於斯人也，必先苦其心志，勞其筋骨，餓其體膚，空乏其身，行拂亂其所為，所以動心忍性，增益其所不能」；告盡了人生壓力有多大，成就就有多大；付出有多少，成就就在多少，有時我會將此現象定位為「不刑不發」，所以在本身使用日課反而會用刑、沖的時辰。

## 日柱

　　如果把年、月、日、時當作一個人，那麼日柱就是腹部、胃腸；如果比喻為一棵樹木，那麼日柱就是樹木的樹葉及所開的花朵，呈現在外在給人看到的外觀及表現與個性行為特質。是其主宰的歲數為 41~60 歲的運勢、此階段所顯現的個性。一棵樹木成長到此已是開花結果，一個人到這個階段大部分已經穩定、成熟而且已在收成的階段，整體對外的表現大致已經在收成。

　　對應的宮位是自己的命宮、夫妻宮、結婚前的兄弟宮，日柱代表自己的生命元素，而另一半配偶是以地支的宮位論之。

　　此宮位以天干自坐的地支論與配偶的互動,及在家庭的感受,如果是上下順生,日干生日支者,地支的星宿是食神、傷官,此命造本人比較疼愛配偶,或主動付出,也較為依賴、嘮叨,尤其傷官比較嘮叨,容易為小事起爭執口角;如日支生日干者,地支的星宿是正印、偏印,配偶比較體貼或黏密,喜歡纏著日主本人,尤其偏印比較會胡思亂想、嫉妒、吃醋。

　　如果天干剋地支,天干上沖剋地支下,日干剋日支,地支的星宿為正財、偏財,命造比較會約束、掌控或牽絆配偶伴侶,我剋者為財,者男命日支是財星,若同時得用能娶到賢妻美嬌娘;如果日的天干被地支所剋,地支的星宿是正官、七殺,配偶比較喜歡約束或掌控命主,正官的約束溫和,屬於合情理的約束;七殺較暴戾,屬於非合理的約束,含有強迫的行為,女命若地支是七殺不得用又沒印星,要慎選配偶的脾氣,當然也建議晚婚較佳。

　　日柱天干、地支是相同的五行元素,我們稱地支的星宿是比肩、劫財,夫妻相處如同兄弟、姐妹、朋友,少了浪漫、黏密的感覺,配偶有獨立的個性是位良好的事業伙伴,也增加了命造本人的自主及自信。

當流年、流月與日柱產生交互作用沖剋時，容易發生感情風波，常因第三者介入產生爭執吵鬧、劈腿、分手，嚴重者喪偶、意外災害、或因疾病、災難而產生錢財損失，要特別小心防範，此稱比劫奪財或比劫爭夫，當然男命就稱比劫奪妻。

## 時柱

如果把年、月、日、時當作一個人，那麼時柱就是下腹部、生殖器官及腳腿；如果比喻為一棵樹木，那麼時柱就是樹木所結成的果實，等於是人生晚年的結果論，成敗定英雄之地，此階段主宰的歲數大約是 61 歲以後的運勢，此階段所顯現的個性。對應宮位的是子女宮、自己創業的事業宮、部屬及奴僕宮（交友宮）、遷移宮、財帛宮、田宅宮，一個人晚年的運勢、成敗結果論，子女的成就、緣份，是否孝順，與子女往來互動親密的程度，事業及工作的穩定性，理財的能力、財富之多寡，能否找到好的工作團隊，及朋友、客戶的互動，在時柱可以表現無疑。

當流年、流月、與時柱產生沖剋時，容易發生財利的虧損、工作事業上的變動、員工部屬向心力減弱、離職，與子女互動相關的問題，為子女操心，出現子女耗

損金錢等，或是自己的健康發生問題，總之對命造產生煩心的事件，而且影響會直接牽連到晚年的行運與安逸。

時柱代表人生的結果論，假如時柱與任何年、月、日、時柱是互相沖剋的，那麼被沖剋的那一柱所代表的人、事、物都是令命造本人無法放下心的、牽絆的，或者是無法解除的壓力與責任；建議在平時就得多付出關愛與責任，平常多關心那一柱所屬的人、事、地、物，就可以減少災害與摩擦，讓所有的災厄降到最低。

時柱為結果論，為採收冬藏入庫，所以影響著晚年的生活，在這裡要大家特別留意的是，如果在時柱的天干、地支裡看到「比肩星」、「劫財星」這兩顆星宿，尤其這兩顆星宿又屬金、水、土三行的，建議您請千萬不要有金錢往外支借或合夥、投資、當保證人，很容易讓您前功盡棄，讓您前面努力累積的積蓄及錢財，產生嚴重的虧損，甚至於一無所有，不可不慎！若是木、火二行的劫財星、比肩星時，反而是因朋友而得財，情形是不一樣的，在讀者是初學者無法自行判斷吉凶時，請您務必不可作金錢借出或投資、合夥，此學術五行論斷之法門，甚至連一些知名的老師都很容易誤判，請您三思

而後行，若你剛好有緣看到這本書，因而避開金錢的損失，請撥部分金額款項，作為慈善捐贈的善款，日後會讓您得到更多的財富。

如果是在時柱裡出現「傷官星」，60歲後走傷官運，很容易退而不休，最明顯的就是意見很多，很會碎碎念，看到不合自己意見的事情，特別愛發表自己的看法，也愛批評指教，女命容易與老公產生紛爭，男命喜歡表現、投資、也特別喜歡管束子女、家人，結果常常產生家庭不好的人際關係，自己一定要特別克制，不論是家人、子女或外面的朋友，沒有人喜歡被說教，請多讚美對方，代替關心說教，才不會人財兩失，搞的自己變的孤單老人家，最好將傷官的特性轉為學術與才能的展現。

學習命理就是知己知彼，學習氣的轉移勇敢的面對與改善，防範、轉念，吉凶不會變，但事項會變，比如說會損財是凶項不會變，但要化損財可買家庭用品，那無形當中事項已變了，制敵於先機，事先有準備，轉向、轉念，將凶象轉為吉象，而且常說好話，鼓勵對方，讓對方能為明天而努力，自然可以逢凶化吉。

# 第一篇：基礎觀念篇

## 突破改造八字五行生剋的定律
## 讓您知道大自然五行的由來

### 第一節．五行於一天內的形成

　　五行每天無時無刻的伴隨在我們的生活中，容易看見的代表物是：木是植物、草木、有生命的代表物；火是太陽、燃燒能、溫度、磁場、能量、香火；土是土壤、空間及大地之總稱。金在天為風、為傳播之氣、為雲霧，在地是刀、劍、是礦物金屬；水是液體、雨露、海洋。

　　當我們早晨起床看到微微的日光時，此時花草樹木正扭動著身軀蓬勃而生、綠意盎然，此為木氣的形成，即所謂的火生木。太陽（火）昇起、百花齊放（木），人們（木）也因此朝氣逢勃為工作準備，迎接新一天的開始（春天植物草木非常旺盛，處處可聞草木逢春的氣息，因此論為春天木。由此可知，春天的五行屬木，而且木很旺盛）。

　　九點過後，此時太陽煦煦高掛在半空中，形成了溫度、火氣，陽光普照大地，即所謂的火生土；火生土就是太陽的能量投射在土地上，讓土地有孕育植物（木）之功，人們也因此得到天地能量的加持而產生了企圖

心，而活耀熱情，此就是火的五行特性。此也証明了
**是火生木，而非木生火。**

太陽（火）照射在海洋，自然形成了氣流、風、水蒸
氣、雲霧，即所謂的庚金長生在巳；論火生金而非傳統
命理的丙火剋庚金，（夏天氣候非常炎熱，艷陽高照，
我們因此可知，夏天的五行屬火，而且火很旺盛），到
了下午三點過後，太陽漸漸往西運行，此時草木準備將
美麗、綻放的花朵收起、結果，樹葉的活氣也開始鬆垮，
即金氣的形成（結成木果）。

一天的工作也在五點過後收工，準備領薪資（秋
收），結束一天的辛苦。（秋天草木枯黃、枝葉飄落，我
們因此可知，秋天的氣候屬金；由於它無形的肅殺之
氣，暗中傷害了草木的元氣，使草木無法繼續生長，所
以我們亦知秋天金很旺盛），此時太陽已落入地平線，
光明不再、點燈開始，即所謂點燈酉，雲霧開始形成，
雲霧會棲息於山中，為土生金（高山之戊土聚集雲霧之
故）。

　　下了班，回到家中與親人享受豐收的果實，休閒、休息、睡覺，即所謂的冬藏。到了晚上為水之情性，天氣漸漸轉涼，宵小（水）也趁黑夜暗中行事，為水剋土；我們怕宵小侵入，請了保全人員幫我們守護家園，稱為土剋水。（冬天天氣寒冷，經常下雪，氣候非常潮濕，因此我們知道冬天屬水，而且水很旺盛）。

　　由此一天內所形成大自然的景物，証明傳統五行生剋是錯誤的，所以在論斷八字的五行生剋是不準的，必須重新調整，必須改造八字五行生剋的定律。

# 第二節. 五行的屬性

**木**－代表生氣旺盛，春天開創之氣，初始宏大有投資創業、喜愛新的事物、開創、無中生有、文書、學習、生意人，象徵萬物之初生代表甲乙木之情性。木有再生的功能，無神經，於身體上為頭髮、指甲、肝臟 －「木曰曲直」。

火－代表炎熱的、向上的，夏天蘊釀之氣，亨通暢達、
努力熱情主動好客、活潑、外向、喜歡照顧別人，
象徵萬物之成長代表丙丁火之情性。於身體代表
心臟、血液循環、眼睛、小腸、體溫 －「火日炎
上」。

土－代表具有營養作用，土代表大地，土地，地球
本身，包容萬物，亦具有生化、轉化之作用。
代表戊、己土之情性，於身體代表皮膚、胃腸、
脾臟，易有過濾之功能 －「土日稼穡」。

金－代表具有摧殘殺傷作用的，秋天收斂之氣合
宜有利、收成小有積蓄，有形的物質、甜美
的果實可秋收，象徵萬物之豐盛，代表庚、辛
金之情性。於身體代表骨幹、魂魄、大腸、肺
部 －「金日從革」。

水－代表寒冷的、向下的，冬天守成之氣，誠信 永固、
保存、喜動智慧、較神秘、象徵萬物之收藏、冬
藏，代表壬癸水情性。於身體代表汗線、膀胱、
腎臟、水循環系統、排洩物 －「水日潤下」。

# 第三節. 五行的特性和象徵

## 木之特性：

**木：**旺於春，位於東方青綠色，味『酸』，藏『魂』，開竅於眼，統管運動神經，主筋骨、筋絡，在五常中主仁，天干以甲、乙屬之，性主仁慈，為六獸的青龍，甲木多的人，主身體修長；甲木曲直、乙木代表枝枝葉葉。

文言曰：「元者善之長也」，元為春季，陽氣由此而臨，也利於萬物之成長，主生發之氣。

代表花草樹木，經過砍伐之後，只有留下根部，日後又會生長起來，所謂著斬草不除根，春風吹又生，因此也代表生命中的功能和根源，亦具有向四方擴散的基調，五行當中也只有木代表人，因為他具有生命。

屬木之人，臉型較長，身材瘦弱體長，個子高，木盛得用的人，長手長腳、髮濃黑，性情溫和有愛心，木衰或不得用無太陽益木時，個子較矮，頭髮稀疏，偽善，嫉妒心強，不知變通，缺乏整合能力。命局中木受傷之人也容易手腳受傷、筋骨疼痛、頭目眩暈、眼睛會酸，勞碌奔波。木旺之人，為光耀祖榮宗，為名聲而活。

木屬仁，仁慈有愛心，個性正直、衝勁、有耐力、老實木納、耿直帶點急性子，外表斯文有理性，缺點是

感覺較遲鈍，動作緩慢、乃木成長較慢，沈悶，神經質，容易憂慮。

## 木之象徵：

【木主仁：其性質，溫和】

東方，綠色，春季，有成長之性。

代表文書，木材、木製品，木屋，裝潢，木器家具，紙製品，草類製品如：草帽。竹製品如：斗笠，棉製器，拜拜敬神的物品及香。茶葉，五穀雜糧，蔬菜水果，造紙業，園藝業，農業，種植業、中醫、草藥…等，也代表著自然界的財星、養命之源，亦代表人際關係的互動。於身體代表：膽、肝、毛髮、指甲、肢體、筋絡。

## 火之特性：

火：旺於夏，位居南方，紅色、味『苦』，藏『神』，開竅於舌，統管血液循環，主禮，但火旺缺水者，反沒禮貌。火為熱情、脾氣不好、火性、易發易退、勞心勞力。天干丙、丁屬之，炎上，重禮節，為六獸的朱雀。

文言曰：「亨者嘉之會也。」亨為夏季，是萬物生機最旺盛的時後，即所謂的火生木。

火代表維持生命的活力與能量，是木成長的動能，亦具有往上提升的基調。

火主禮，開朗直爽，熱情、博愛、火爆，光明磊落，上進積極，精力充沛、有幹勁、喜歡表現，火化進神之人，重視儀表，愛漂亮，在藝術上有豐富的表現力；個性急躁，變化多端，做事動作快、效率高，慷慨不計較，缺點是容易盲目、莽撞、衝動，易怒、執著，沒耐心，光說不練，有始無終。

屬火之人，臉型上尖下圓、印堂較窄，顴骨突出，身材高大、壯碩，火旺得用能益木時，外形魁梧為人謙和有禮，火弱或不得用或無法益木時，好大喜功，嫉妒心強，容易暴怒、有始無終，情緒失控。原局暗水遇到火的能量，就能轉化水資源。

## 火之象徵：

【火主禮：其性急，情恭】

南方，紅色，夏季，太陽，溫度。

代表能量，照明器具，電器用品，電腦，瓦斯行，瓦斯爐，油類，酒精類，煙火類，乾燥的東西，美麗、化妝品、顯眼之人事物，保護身體之外在防護具，如：安全帽、防火衣、防彈衣…、等等，化妝師，設計師，藝術性質的工作能量及所有屬於亮麗或美的事業都代表火之象徵，也代表自然界的官星，知名人物與公眾人物。

於身體代表：小腸、心臟、血液循環、視力神經。

## 土之特性：

**土**：寄隅四季，位居中央，黃色，味『甘、甜』，藏『意』，開竅於口，統管消化系統，屬信，天干為戊、己土、屬靜而不動、重信。戊為六獸的勾陳，己為騰蛇。戊土較不懂變化，也不好商量，己土隨和，較柔好商量。

土代表大地，土地，高山，地球本身，包容萬物，亦具有生化之作用，也有往來游移的基調。

土地能蘊養萬物，土主信，思想，忠厚老實，講信用，重承諾，個性穩重，公正無私，缺點是有時容易固執，懶散，愛貪小便宜。

土盛或得用之人，臉型圓潤飽滿，中等身材、腰厚，為人大方和氣，性情憨厚淳樸，鼻大口方、肚量大，言出必行。土衰或不得用之人，個性貪心自私，不講信用，不通情理，虛假無情，花言巧語，聲音重濁。

## 土之象徵：

【土主信：其性重，情厚】

中央，黃色，四季之末，具有生化之作用。

代表房屋，房間，床，砂石，泥土，瓷器，屋瓦，倉庫，一般習俗，宗廟主稷之事，布匹，衣服，紡織品，房地產之買賣，建築業，喪葬業，風水師、命理師、法師、道士，管理顧問…等也代表自然界的印星，土地之星。

於身體代表：胃、脾、皮膚、肌肉。

## 金之特性：

金：旺於秋，位居西方，白色，味『辛、辣』，藏『魄』，開竅於鼻，統管呼吸系統，主「義」，天干庚、辛屬之，名為「從革」，為改革的味道、理智重於感情，為六獸的白虎，人有七魄。金易華而不實。辛金為白茫茫一片。庚為鐵路旁或作五金。金旺的人種樹易枯萎。

金代表堅硬、堅固、凝固的物質，亦具有內聚的基調。文言曰：「利者義之和也。」

利為秋季，此季之氣收斂，適合教化人心。金主義，正義感強，善惡分明，有同情心，愛打抱不平，個性剛毅穩健，自我表現慾強，果斷，敏銳，內斂；缺點是貪慾、虛榮，任性，作事粗率不細心，容易偏激，苛刻，貪婪，蠻橫不講理。

金盛或得用之人身高中等，體形魁梧結實，面色白、方臉、眉高眼深、聲音宏亮，為人清廉公正，急功好義，個性積極、果斷、不虛偽，金衰或不得用之人，身材瘦弱，心性多疑，為人刻薄狠毒，無情無義，多貪多疑，聲音如同破銅鑼聲。

## 金之象徵：

【金主義：其性剛，性烈】

西方，白色，秋季，氣、風、雲霧。

代表金屬類礦物如：金礦，銀礦，銅礦，鐵礦，錫礦，金屬製品之器具如：汽車、相機、手機、鑰匙、鍊子、鈴鐺、鍋子、刀、剪刀，金融業，保險業，證券業，當鋪，機械製作之相關事業，鑰匙和鎖之相關事業及人員，交通、汽車相關行業及人員，從事採礦事業之人員，銀行人員，保險人員，理財專員等，也代表著自然界的比肩劫財、手足、人際關係之星，也代表自然界的傳播之氣，訊息。於身體代表：大腸、肺、骨骼、牙齒。

## 水之特性：

水：旺於冬，位居北方，黑色，味『鹹』，藏『志』，開竅於耳，統管排泄系統、主智，天干壬、癸屬之，水向低處流，所以為潤下，流動性強，喜鑽牛角尖，為六獸的玄武。水涼：流動性強、滲透力強、勞心、勞力。文言曰：「貞固足以幹事。」

貞是冬季、此季為收藏之地，乃成事之根本。水代表流動性質、川流不息，亦具有往下、下降的基調。

所謂水往下流，沈靜、陰沈，水主智，聰明外向，機靈活潑，足智多謀，變化多端、反應快，多才多藝，

學識過人，缺點是性情反覆無常，善變難捉摸，會耍心機，花言巧語，陰險狡猾，見風轉舵。

　　水盛或得用之人，在體質上較易發福，五官呈波浪型，下巴微翹、有顴骨，喜歡辯論，愛說是非及八卦，記憶力強，深思熟慮，但也容易想得多做得少。水弱或不得用之人，不按常理做事，常動歪腦筋，容易怨天尤人，愛記仇，報復心重，對於喜愛之事物，容易沈迷或上癮，也易膽小無略，行事反反覆覆。

## 水之象徵：

　　【水主智：其性聰，性善】

北方，黑色，冬季，海洋，雨水。

代表溪泊湖流，游泳池，水族館，魚類，水產、水利，三溫暖，冷凍業，冷藏業，漁業，航海業，水利業，茶藝館，冷飲事業，與醫學有關的事業，醫護人員，藥劑師，游泳教練、選手，海巡人員，航海之人，導遊，流動攤販，業務專員、服務業、自由業、司機等，也代表著自然界的食神、傷官、才華之星，亦代表口才，以智取財。

# 五行之特性和象徵

| 五行\特性象徵 | 五行之特性和象徵 | | | | |
|---|---|---|---|---|---|
| | 木 | 火 | 土 | 金 | 水 |
| 方位 | 東方 | 南方 | 中央 | 西方 | 北方 |
| 季節 | 春季 | 夏季 | 四季之末 | 秋季 | 冬季 |
| 顏色 | 綠色 | 紅色 | 黃色 | 白色 | 黑色 |
| 特性 | 主仁慈 | 主禮儀 | 主信用 | 主義氣 | 主智慧 |
| 性情 | 積極上進 | 熱情急躁 | 穩重和氣 | 剛毅果斷 | 聰明善變 |
| 行業 | 種植業 | 設計業 | 建築業 | 金融業 | 航海業 |
| 五臟 | 肝臟 | 心臟 | 脾胃 | 肺臟 | 腎臟 |
| 六腑 | 膽 | 小腸 | 胃、脅 | 大腸 | 膀胱 |
| 五味 | 酸 | 苦 | 甘 | 辛辣 | 鹹 |
| 五藏 | 魂 | 神 | 意 | 魄 | 志 |
| 開竅 | 眼 | 舌 | 口 | 鼻 | 耳 |

# 第二節. 傳統五行的基本規律
## 此規律應用於六親之關係

## 1. 相生規律：

生為自然的本性，含有愛、關照、滋生、助長、扶持、促進成長的意義。五行之間，都具有互相滋生、互相助長、互相關照、互相扶持促進的關系。這種關系簡稱為「五行相生」。這種五行的相生用於求公式(十神法)用之，而吉凶之論斷者以十天干自然之屬性為主。

## 傳統五行相生的次序：

木生火，火生土，土生金，金生水，水生木。
在五行相生的關係中，任何一行都具有生我，
我生兩方面的關系，也就是母子關系。

## 生我稱之為印星：

得到關照，扶持、權利、保護，即是給我，愛我，撫育我，蔭我，給我恩惠的地方，對我有助力的地方，是我被動接受的地方，也是一種天性、母愛，所以聲我的五行，稱之為印星。

## 我生稱之為食傷：

代表展現、辛苦，責任，勞心勞力的付出，我付出愛心關心的地方，我很心甘情願的付出，而且是積極、主動付出的地方。

生我者為母、我生者為子。以木為例，生我者為水為印星，則水為木之母；我生者是火為食傷，則火為木之子。其它四行，以此類推。由於肝屬木，心屬火，脾屬土，肺屬金，腎屬水，結合五臟來講，就是肝生心，心生脾，脾生肺，肺生腎，腎生肝相互滋生和促進作用。

## 2. 相剋規律：

剋為慾望的追求，含有制約、阻抑、剋服的意義。五行之間，都具有相互制約、相互剋服，相互阻抑的關系，簡稱「五行相剋」。這種五行的相剋用於求公式(十神法)用之，而吉凶之論斷者以十天干自然之屬性為主。

## 傳統五行相剋的次序是：

木剋土，土剋水，水剋火，火剋金，金剋木。
在五行相剋的關系中，任何一行都具有剋我、我剋兩方面的關係，也是一種慾望的關係。

## 剋我稱之為官殺：

代表約束、名份，造就我，栽培我，鞭策我，我感恩的地方，無形助力的地方，我聽命的地方，是讓它予取予求的地方，是屬於被動控制，也是一種慾望、責任及壓力的表徵。

## 我剋稱之為財星：

代表追求、掌控，我立志謀取的地方，我造就別人、塑造別人的地方，是我強勢要求、主導別人影響別人行為的地方，代表我想要東西，是屬於主動控制，也是一種慾望的表徵。

結合五臟來講，就是肝剋脾，脾剋腎，腎剋心，心剋肺，肺剋肝，起著制約和阻抑的作用。

## 3. 五行相同稱之比合：

**比合：**如同兄弟、比肩、劫財之關係，無輩份之分，平起平坐，互相牽引，有如同輩之互動與關心，人際關係好，彼此既合作也相互競爭。

比肩屬公平競爭，因公平無防備之心，損失更大。劫財屬於暗鬥，因暗鬥，彼此有防備，損失較小。

# 4 · 五行制化：

在五行相生之中，同時寓有相剋，即生中有剋，代表我為了生存，必須承擔壓力，在相剋、限定之中，同時也寓有相生，即剋中有生，代表目前的責任壓力，是為未來的發展，這是大自然界相互變化的規律。

如果只有相生而無相剋，就不能保持正常的平衡發展；有相剋而無相生，則萬物不會有生化。所以相生，相剋是一切事物維持相互平衡的兩個不可缺少的條件。只有在相互作用，相互協調的基礎上，才能促進萬事萬物的生生不息。

例如，木能剋土，但土卻能生金制木。木種在土裏，相附共存，木從土裏得到養份成長，而結成果實（金）。因此，在這種情況下，土雖被剋，但並不會發生衰退，反而能穩定木的根基。

火剋金，火因慾望想掌控金，我們稱之火驅動金，而火讓金奔波勞碌，而金能生水剋火，火為晚上之情性，水一出現，火的能量即減弱，無法在驅動金，金也即將功成身退，不再因火一直動的不停。

其它土、金、水都是如此。

　　古人把五行相生寓有相剋和五行相剋寓有相生的這種內在聯系，名之曰「五行制化」。

「五行制化規律」以大自然生剋法則的具體情況如下：

◎木剋土，土生金，金剋木。木種在土壤大地裏，木、土相附共存，木從土裏得到養份成長茁壯，而結成果實（金）。

◎火剋金，金生水，水剋火。太陽驅動氣流、雲霧、風，風生水起產生雲霧、雨露，雨露讓太陽不見光明。

◎土剋水，水生木，木剋土。土地吸收了水份，來蘊養花草樹木，花草樹木在土地上成長茁壯。

◎金剋木，木生火，火剋金。木結成果實（金）後，木體衰弱而死亡，死木才能生火，火能量溫度驅動了風、氣流。

◎水剋火，火生土，土剋水。下雨而使太陽矇蔽，光明不在，太陽出來普照大地土壤，大地吸收了水份來蘊養萬物。

## 5．相乘規律：

乘，是乘襲的意思。從五行生剋規律來看，是一種病理的反常現象。

相乘與相剋意義相似，只是超出了正常範圍，達到了病理的程度。相乘與相剋的次序也是一致的。即是木乘土，土乘水，水乘火、火乘金，金乘木。如木剋土，當木氣太過，金則不能對木加以正常的制約（樹葉茂盛無法結成果實），因此，太過無制的木乘土，即過強的木剋土，土被乘更虛（養份不夠），而不能生金（果實），故金虛弱，無力制木。

## 6．相侮規律：

侮，是欺負的意思。從五行生剋規律來看，與相乘一樣，同樣屬於病理的反常現象。但相侮與反剋的意義相似，故有時又曰反侮。相侮的次序也與相剋相反，即是：木侮金，金侮火，火侮水，水侮土，土侮木。

以上相乘、相侮的兩個規律，都會在人、事、地、物及病理情況下產生，而八字就是因在這兩個規律產生，太過和不及出現的反常現象，演化出生離、死別、喜怒、哀樂。

# 第五節.五行之間的生剋制化

我們所接觸的五行有分為實體及無形體,實體為看得見摸得到的物體,我們稱之為質,也是一種地象,即在土地上形成的物質。而無形之體就是即是看不見也摸不著,但又與我們息息相關的磁場,我們稱之為氣,這也是一種天象,即在天上形成的氣的現象,也可說是一種能量、磁場,如果我們用科學原理來看,當指南針已出現時,就已經清楚的指出能量、磁場存在的事實,加上後來的科學家,牛頓,所提出[萬有引力]之物理定律學說,更是直接肯定證實了能量、磁場的存在。

此磁場的能量放射,研究風水的人認為祖先的骨骸有 DNA,會引響到後代的子孫,所以特別注重風水的龍脈、穴場,其實這種理論只有對一半,幾乎風水大師都只知其一不知其二,為什麼呢?等我整理陽宅、風水書籍時,再作詳細的解說。

當人出生在這世界上,呱呱落地之時,由於出生之時間,空間上的差異不同,造成所接收的磁場也不同,據說發明指南針之傳說人物,[黃帝],不但發現磁場,也將這磁場細分為有陰陽之別的十天干和十二地支,而

天干地支，就是為了演算出這五行的旺衰變化而制定，但不管如何變化，皆是以五行為根本，五行之間的生剋變化，構成了萬物和磁場之間的互相作用，為萬物循環不息的源頭。

五行的相生相剋，也就是天地萬物之間的相生相剋，不管動物或植物，甚至是被認為沒有生命的水和火，都一樣必須依靠其它別種元素的孕育，在相生之中，成長受到幫助，在相剋之中，代表互相影響激勵、協調、約束、排斥、改造或抑制，這種生中有剋（為了生存，要勇於適應環境），剋中有生（為了將來的成就要先付出、努力學習）由衰而盛（從長生到帝旺，萬物始交而難生），由盛而衰（由帝旺到衰、病、死、墓、絕、胎、養又回歸到長生位），的變化，維持著萬物之間的發展與平衡。

以下的五行十組生剋制化的關係，演變出不同的六十四卦組合，也就是說，同一組的生剋關係，會產生不同的演義，同一個六十甲子的情性，也會產生不同六十四卦的演變，這個道理讀者不可不知。

# 五行相生

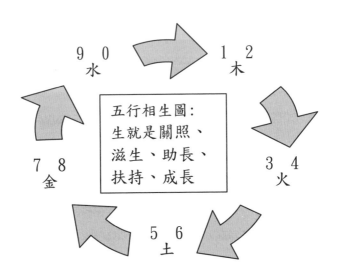

五行相生圖：
生就是關照、
滋生、助長、
扶持、成長

　　生為自然的本性，含有愛、關照、滋生、助長、
扶持、促進成長的意義

## 木生火：

　　寅時太陽升起，稱之木生火，而非真正用木去燃燒
生火。

　　以自然天象來說：是火來生木，是太陽火出來造就
木的成長茁壯，太陽普照大地孕育萬物，**稱之雷火豐**。
人們感受到太陽的溫度、能量，而開創新的契機也造就

了企圖心與成就感。

　　以地象來說：死木才會生火，活木是不生火的，而且木生火是倆敗俱傷。**稱之火雷噬嗑。**


　　火之所以能持續燃燒，除了依靠空氣之外，還需依靠木，才能繼續維持下去，在未發現天然氣之前，我們的祖先即是以乾柴乾草來生火，對過去的人而言，木為最原始最好掌控火候的生火原料。**也稱火風鼎。**

　　八字有木生火之人：喜歡說教，較有主見，主觀意識強，想法創新獨特，有開創研發的能力，能無中生有，也有受到傳承而再創新的能力。


## 火生土：

　　以自然天象來說：太陽、溫度附於大地能量、磁場，而造就萬物成長，**稱火地晉**；到了酉時（丙辛合）太陽任務完成功成身退，落入地平線，**稱地火明夷**。到了明天寅時，太陽又再次昇起，**稱之火山旅。**

　　以地象來說：火的特性為燃燒，而在燃燒過後的產物，將和大地成為一體，被土地吸收，為土地所用，被火燃燒過後的東西，其質地也比其他未經燃燒之物還要接近土的本質。

火生土之人:不安全感重,操作慾強,怕失去,不易死心放手,利益觀念重,較實際,初期較會配合,而後期想掌控全盤,是屬於悶騷型。

## 土生金:

以自然天象來說:高山戊土聚滿雲霧,水蒸氣辛金是經太陽照射在大海而形成,此時會往山上漂浮棲息,形成密雲不雨的現象,**為山澤損之象**。而高山戊土藏了很多的礦產,**稱之山天大畜**。以上都稱之土生金。

以地象來說:大地為孕育萬物之搖籃,除了生物之外,大地也孕育出與生物之本質迥然不同的礦物、金屬,金屬為大地的一部份,自大地而出,是經過非常久遠的時間,集大地之精華所孕育而成。

土生金之人:是穩定緩緩成長型,會將東西轉變成有價值,喜歡增值長利息的投資,在老事業作新變化而獲利,是一種承接的格局。

## 金生水：

以自然天象來說：當太陽丙火照射在海洋，而形成雲霧辛金與氣流庚金；辛金雲霧聚集又從天而降，稱之金生水。辛金雲霧聚集於戊土高山中，**稱之澤山咸**，遇到溫度轉化為水，也稱之金生水，**為天水訟之象**。

以地象來說：金屬性涼，能聚水氣，金屬能防止水氣蒸發流失，又不易損壞，為保存水的最佳容器，**稱之澤水困**。

除此之外金屬在經燃燒溶解之後也兼具水之流動及變化的特性，也就是說五行中，性質最接近水，對於水最有助力的，就是金了。

金生水之人：在思想上有時容易一頭霧水，外人不易猜透、自己也不知道為什麼，容易搞神秘，行動上外人也不易搞懂他在做什麼？
金生水時間長，故容易祕密放在心中（**稱之澤水困**），不喜歡別人知道。

# 水生木：

以自天象來說：水資源癸水從天而降，造就花草樹木的成長茁壯，人們也因有水而得以生存，**稱之水風井**；但也因過多，過大的水（壬水），而來使花草樹木損傷，**稱之水雷屯**。

以地象來說：樹木花草，無法只靠單一元素來維持生存，之前曾提過萬物皆由大地而出，五行之木也不例外，但特別的是，有些植物只要水和空氣即使沒有土也能存活，反過來則就不行了，植物沒有水是無法生存的，因此五行之中，木必須水來滋養才能成長。

水生木之人：愛思考、有投機心，喜攀附而成長，是順應時勢型，付出有其目的，想掌控、獲利，利益觀念重，較會精打細算，也較小心、膽小。

# 五行相剋

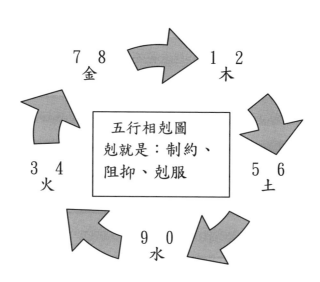

剋為慾望的追求，含有制約、阻抑、剋服的意義。五行之間，都具有相互制約、相互剋服，相互阻抑的關系，簡稱「五行相剋」。

## 木剋土：

以自然天象來說：木剋土如先天的震宮與後天的艮宮。木成長除了要有溫度、水份之外，還要有良好的環境，即所謂的土，才能造就木在土上順利成長，**稱之為**

風山漸，漸者慢慢而長，自然可以亨通。

以地象來說：所有在土地上，必須依附土壤才能生存的植物，就是靠著吸取土壤中的養份，來成長茁壯，但也代表土地必須持續提供每種植物所需要的不同營養，直到收成或冬季休眠才得以休息復原，**稱之地雷復**；植物盤根之時有深入地下，抓住土壤來吸取其養份的特性（木抓土），**稱為雷地豫**。由此可知樹木和植物對土地的影響有多大，土受制於木，木也必須依賴土才能成長，即所謂的剋中有生，生中有剋之理。

木剋土之人：在思考上想的慢，因木是緩緩的成長，在行動上緩緩的做，緩步增加，若長成森林，則不易撼動，穩定性高，不易改變，善於整理分析。

# 土剋水：

以自然天象來說：是水剋土，自古以來大自然都是水剋土。因為水會剋土，所以人們在建造房子時，會將土地增高，以防止水入侵；水也是主盜寇，盜寇會入侵家園，稱之水剋土，所以請了保全人員防止盜寇入侵，稱之土剋水，為**地水師**。

以地象來說：土壤除了釋放提供養份之外，也兼具吸收及含帶其他元素的特點，而這個特點在水的元素中更是發揮的淋漓盡致，能包含容納水的器具，但能防止

大水所帶來的災害，卻只有用土建成的堤防，用土築成的水道，土不僅在治水上扮演著重要角色，更為剋制洪水氾濫成災的主要元素，**稱之水山塞**。

土剋水之人：易有兩種特質，為爛泥者是較無鬥志之人，或是為引渠道之人，此種適合經商，在思想上易不切實際，在行動上則較為務實。

## 水剋火：

以自然天象來說：水為雨露，當下雨之時，太陽的光芒是會不見的，**稱為水火既濟**；當晚上的時候（水），是看不到太陽的（火），**稱為水火未濟**。

以地象來說：火為向上揮發，水為向下覆蓋包容，兩者屬性相反，特質迥異，互為衝突，但在兩者棋鼓相當的情況下，火之本質和水相互衝擊之後會消失，而水只不過是改變形態，存在不同的地方而已，一滅一存，勝負立判，雖然隔絕空氣也能斷絕火源，但也只適用於小火上，因此不管在那個時期，水皆為控制、撲滅火勢的最佳選擇。水火交戰，產生了蒸氣、氣流，**稱之水天需**。

水剋火之人：在思考上想法多且快，善變，行動能力強，做事無一定規章，手法多變，較重視自己人，有雙重個性，對團體內部較重視，且也重服務，有些極端，

容易有玉石俱焚的特性。

## 火剋金：

以自然天象來說：丁火會剋金，而丙火是生金的。乃當太陽丙火升起時，照射在海平面上，會產生水蒸氣（辛金），及氣流、風（庚金），**稱之火天大有**。所以以自然天象來說是火生金，而當雲霧辛金密佈時，會遮住太陽，**稱之火澤睽**，所以必須透過丁火（霧燈）之照射，才能除霧，**此為澤火革**，稱之火剋金。

以地象來說：真金不怕火煉，是說明再強的火也沒有辦法改變金屬的本質，但金屬要成為有用之器或是要改變其形態，就必須依靠火來鍛煉成就（**澤火革**），如以擬人化的方式來看待，在這鍛煉成器的過程中，必定要承受很大的痛苦，才得以脫胎換骨（**火天大有**），換而言之，火能造就金器，但也能毀掉金器，再堅硬的金屬都必須向丁火來臣服，因為能徹底控制改造金屬的現狀和形體的也只有丁火了。

火剋金之人：人際關係佳，愛漂亮、完美主義者，不論思考或行動皆是屬於非常注重外表是否漂亮的人，凡事都以往符合火剋金之人的美學方向進行，個性謹慎，動作較緩慢、作事會拖泥帶水，外表氣質好且樂觀，因個性好勝，所以不喜歡被別人猜中心中的想法，

因此容易故意和人唱反調且調皮愛整人，**稱之火澤睽**。

## 金剋木：

以自然天象來說：金為自然界的風、氣流、雲霧，會損害其木的成長，稱之金剋木，**為天雷無妄**；金也代表果實，木從耕耘到成長，即將結成果實時，**此稱天風姤**，木體即開始衰退，也稱之金剋木，**為雷澤歸妹**。

以地象來說：金剋木與火剋金有雷同相似之處，火雖剋金使其變形，但也造就金之新象，使其成器，而金剋木也同樣的是，金雖然砍下木，割下植物，強制改變木的現狀，但也同時能修削、雕刻木或植物使其成為棟樑之材或有用之器，但木是最為接近生物之五行，擁有生物孕育、成長、衰退、死亡的特性，也因此也顯現出金剋木與火剋金相異之處，金非生物，火無法使它死亡、滅絕，但金能掘其木之根部，斷其生路，使其死亡，由此可見金對木之影響有多大。

金剋木之人：在思考上比較實際，面對事態的判斷可用快、狠、準來形容，本身的行事作風亦是如此。

# 五行相生、相剋之簡要

| 生剋<br>五行 | 五行相生 | 五行相剋 |
|---|---|---|
| 木 | 木生火，木為生火之元素，火需依附在木上才能持續燃燒。 | 木剋土，木能深入土中，抓住土壤，吸取土地之養份。 |
| 火 | 火生土，經火燃燒之後的餘燼即成為土的一部份。 | 火剋金，火能使金屬融化、改變形體，成就它或毀掉它。 |
| 土 | 土生金，金由土孕育，集土之精華才能生成，金自土而出。 | 土剋水，土為治水之重要元素，能成堤防，阻止水氾濫，水也能侵伐土。 |
| 金 | 金生水，金為涼性，易聚水氣，為盛水之最佳容器。 | 金剋木，金之器具能掘起植物的根部，決定它的生死，金成為木的果實。 |
| 水 | 水生木，水為植物生長茁壯之主要元素，缺則不存。 | 水剋火，水能減弱火勢為撲滅火源的最佳元素，水火交戰，產生氣流、蒸氣。 |

# 五 行 體 系 表

| 水 | 金 | 土 | 火 | 木 | 五行 |
|---|---|---|---|---|---|
| 腎 | 肺 | 脾 | 心 | 肝 | 五臟 |
| 冬 | 秋 | 四季 | 夏 | 春 | 季節 |
| 藏 | 收 | 化 | 長 | 生 | 生化過程 |
| 寒 | 燥 | 濕 | 熱 | 風 | 五氣 |
| 北 | 西 | 中 | 南 | 東 | 方位 |
| 骨 | 毛皮 | 肉 | 血脈 | 筋 | 五體 |
| 黑 | 白 | 黃 | 紅 | 青 | 五色 |
| 鹹 | 辛 | 甘 | 苦 | 酸 | 五味 |
| 恐 | 憂 | 思 | 喜 | 怒 | 五志 |
| 耳 | 鼻 | 口 | 舌 | 目 | 五竅 |
| 唾 | 涕 | 涎 | 汗 | 淚 | 五液 |
| 鬢 | 毛皮 | 毫體 | 髮 | 眉 | 五毛 |
| 腐 | 腥 | 香 | 焦 | 臊 | 五臭 |
| 羽 | 商 | 宮 | 徵 | 角 | 五音 |
| 呻 | 哭 | 歌 | 笑 | 呼 | 五聲 |
| 慄 | 欬 | 噦 | 悲 | 握 | 變動 |
| 志 | 魄 | 意 | 神 | 魂 | 所藏 |
| 六一 | 九四 | 十五 | 七二 | 八三 | 其數 |
| 脊腰 | 背肩 | 四肢 | 胸肘 | 頸脅 | 病所 |
| 沉 | 浮 | 緩 | 洪 | 弦 | 五脈 |
| 膀胱 | 大腸 | 胃 | 小腸 | 膽 | 合腑 |
| 壬癸 | 庚辛 | 戊己 | 丙丁 | 甲乙 | 十干 |

## 2.五行生剋規律表

**木**： 木賴水生、水多木漂；木能生火、火多木焚；
　　 強木得火、方化其頑；木能剋土、土重木折；
　　 木弱逢金、必為砍折。

**火**： 火賴木生、木多火熾；火能生土、土多火晦；
　　 強火得土、方止其焰；火能剋金、金多火熄；
　　 水能剋火、火旺水乾。

**土**：土賴火生、火多土焦；土能生金、金多土變；
　　 強土得金、方制其害；土能剋水、水多土流；
　　 土衰逢木、必遭傾陷。

**金**：金賴土生、土多金埋；金能生水、水多金沉；
　　 強金得水、方挫其鋒；金能剋木、木堅金缺；
　　 金衰遇火、必見銷熔。

**水**：水賴金生、金多水濁；水能生木、木多水縮；
　　 強水得木、方泄其勢；火弱逢水、必為熄滅；
　　 水弱逢土、必為淤塞。

# 第二篇. 八字築基篇

## 第一節. 十天干

### 1. 10 個數字轉變為十天干

| 木 | | 火 | | 土 | | 金 | | 水 | |
|---|---|---|---|---|---|---|---|---|---|
| 1 | 2 | 3 | 4 | 5 | 6 | 7 | 8 | 9 | 0 |
| 甲 | 乙 | 丙 | 丁 | 戊 | 己 | 庚 | 辛 | 壬 | 癸 |
| 陽木 | 陰木 | 陽火 | 陰火 | 陽土 | 陰土 | 陽金 | 陰金 | 陽水 | 陰水 |

(1). 以數字來看：單數為陽（1. 3. 5. 7. 9）

偶數為陰（2. 4. 6. 8. 0）

(2). 以天干來看：甲 丙 戊 庚 壬 為陽

乙 丁 己 辛 癸 為陰

# (3). 數字代表天干五行的方位：

屬南方

| | 丙 | 丁 | |
|---|---|---|---|
| 乙 | | | 庚 |
| 甲 | 戊己 | | 辛 |
| | 癸 | 壬 | |

屬東方           屬西方

屬北方

1甲　2乙→　屬木為東方

3丙　4丁→　屬火為南方

5戊　6己→　屬土為中央

7庚　8辛→　屬金為西方

9壬　10癸→　屬水為北方


**天干的顏色：**

　　甲乙色青　　丙丁色赤　　戊己色黃

　　庚辛色白　　壬癸色黑

## 2. 天干相沖

所謂(沖)就是五行不同，性質相反，立場對立方位在同一條線上**稱之沖**。

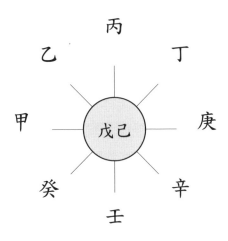

甲庚沖(１７沖)　　乙辛沖(２８沖)

丙壬沖(３９沖)　　丁癸沖(４０沖)

## 3. 天干相剋

雖然性質相反，但方位不在同一條線上，所以並不對立，只是相剋而不為相沖，**稱之剋**。

戊剋壬　　丙剋庚　　乙剋己

己剋癸　　丁剋辛　　甲剋戊

# 十神法應用口訣

　　所謂的十神法，是藉由天干與天干的互動，產生了另一股的氣，此氣是用於對應人、事、地、物的另一套工具法，尤其於六親的定位更為準確，讀者可購買易林堂出版的「解開神奇數字代碼《一》」，裏面有一百組的十神對應法則，十天干對應十天干的白話解析，讓您能直入八字的高階。

## 十神法 ： 簡稱六神

　　以生日作為基礎，與其他各個天干及地支比較後的生剋關係：

## 記憶口訣：

**同我為比肩、劫財**（同陰陽為比肩、不同陰陽為劫財）

**我生為食神、傷官**（同陰陽為食神、不同陰陽為傷官）

**我剋為正財、偏財**（同陰陽為偏財、不同陰陽為正財）

**剋我為正官、七殺**（同陰陽為七殺、不同陰陽為正官）

**生我為正印、偏印**（同陰陽為偏印、不同陰陽為正印）

## 十神參照表：

| 主體 | | 對應 | 1甲 | 2乙 | 3丙 | 4丁 | 5戊 | 6己 | 7庚 | 8辛 | 9壬 | 0癸 |
|---|---|---|---|---|---|---|---|---|---|---|---|---|
| 朋友 | 比肩 | 客戶 | 1甲 | 2乙 | 3丙 | 4丁 | 5戊 | 6己 | 7庚 | 8辛 | 9壬 | 0癸 |
| 朋友 | 劫財 | 客戶 | 2乙 | 1甲 | 4丁 | 3丙 | 6己 | 5戊 | 8辛 | 7庚 | 0癸 | 9壬 |
| 能力 | 食神 | 部屬 | 3丙 | 4丁 | 5戊 | 6己 | 7庚 | 8辛 | 9壬 | 0癸 | 1甲 | 2乙 |
| 能力 | 傷官 | 部屬 | 4丁 | 3丙 | 6己 | 5戊 | 8辛 | 7庚 | 0癸 | 9壬 | 2乙 | 1甲 |
| 金錢 | 偏財 | 感情 | 5戊 | 6己 | 7庚 | 8辛 | 9壬 | 0癸 | 1甲 | 2乙 | 3丙 | 4丁 |
| 金錢 | 正財 | 感情 | 6己 | 5戊 | 8辛 | 7庚 | 0癸 | 9壬 | 2乙 | 1甲 | 4丁 | 3丙 |
| 事業 | 七殺 | 責任 | 7庚 | 8辛 | 9壬 | 0癸 | 1甲 | 2乙 | 3丙 | 4丁 | 5戊 | 6己 |
| 事業 | 正官 | 責任 | 8辛 | 7庚 | 0癸 | 9壬 | 2乙 | 1甲 | 4丁 | 3丙 | 6己 | 5戊 |
| 權利 | 偏印 | 保護 | 9壬 | 0癸 | 1甲 | 2乙 | 3丙 | 4丁 | 5戊 | 6己 | 7庚 | 8辛 |
| 權利 | 正印 | 保護 | 0癸 | 9壬 | 2乙 | 1甲 | 4丁 | 3丙 | 6己 | 5戊 | 8辛 | 7庚 |

　　天氣始於甲干，為自然界顯於外的表象，地氣始於子支，為自然界隱藏於內的現象。考「十天干」之取義：「干」者，尤如樹木之幹也。其數有十，為自然界的十種現象，講顯於外表、講天的事情，故名十天干。干是在上面，形從外表可見；干由幹而來，相反的，地支在下面，講藏於內的事項，其內涵不易為人所見之意。支是樹的枝葉，從枝而來，講土地的事，代表方位、時間、季節，故名十二地支。

# 十天干之申論
## 甲木十天干古文歌訣：

　　　　甲木天干作首排，原無枝葉與根荄。

　　　　欲存天地千年久，直向泥沙萬丈埋。

　　　　圻就棟樑金得用，化成灰炭火為災。

　　　　蠢然塊晤無機事，一任春秋自往來。

## 1 為甲木：（舞台中的靈魂人物）

（以下十天干之特性，由太乙文化事業許碧月老師提供）

　　甲木排序為 1，為陽為大，本體主靜，它深耕於大地泥土中，不懼風吹雨打，挺拔的氣勢，是必須經過歲月的累積，才能扎實的毅力不搖的站穩大地，這種大自然的考驗，鋪陳了甲木可經歷春、夏、秋、冬的考驗，完善的發揮了自己存在的價值。

甲木之人的特質：老練、沉穩、顧家、體力、耐力都比一般人強，又具備了領導統禦的心性，為老闆的格局。甲木之人知道在哪個點、線、面，要如何發揮自身的功能，甲木像極了家裏的老大，喜歡一肩挑起照顧弟妹的責任、犧牲、奉獻，勇於解決困難，上了舞台，就是舞台中的靈魂人物，操控全場，知道和台下的人事物結合成一體，使每一次的相處可達到圓滿而無憾，甲木在家是家裏的支柱，在團體是菁英，在國家社會是棟樑之材，他不善偽裝、包裝，有極高的自信，不卑不亢，舉手投足間流露迷人的風采，在人群裏就是鶴立雞群，讓人見識到領袖的魅力，兼具世界觀，了解經濟的詭異多變。甲木就是風靡全球的指標人物，因為甲木的過程，是經歷練而來的。

古文「凡物首出羣類曰甲」，「甲，用日之始也」，「草木初生之孚子也」，今文：「甲乃植物初生苞外的薄膜」。從「物首」「始」「初生」等字，我們不難發現古賢取甲為天干之首的原因。

甲木為陽，為高大的樹木，主管一年四季的變化，個性直來直往，勇於開創，敢愛敢恨，不服輸，無風險意識。甲木的成長，必須要有良好的能量（丁火），及良好的土地（戊土）與適當的水份（癸），好的空氣（庚），才能蘊育出甜美的果實（辛）。

## 乙木十天干古文歌訣：

乙木根荄種得深，只宜陽地不宜陰。

漂浮最怕多逢水，剋沂何須苦用金。

南去火炎災不淺，西行土重禍尤侵。

棟樑不是連根物，辨別工夫好用心。

## 2 爲乙木：(懂得借力使力的身段)

乙木排序為2，為陰、為小，本體主動，是週期較短暫的草本滕蔓植物，必須仰賴著甲木才能扶搖直上，它也能迎風招展，賣弄風騷，生氣逢勃的可以快速繁殖一整片，即使有強勁的石頭壓住下，也會想方法從旁四週圍繞道而生長著。

乙木之人的特質:懂得借力使力的往上攀岩，又會暗中察言觀色，遇到困難又會求助身旁的人，自我調適得宜，因為乙木過不了冬天，遇寒氣重時，很容易受傷，所以必須緊攀著甲木的樹幹往上爬。

乙木之人懂得團結力量大，人脈必須靠經營，眼光獨到，嗅得出流行性的商機，瞬間看到流行的趨勢，看準了市場，搶它短期性的資金，然後調整策略，再將資金挪至其它的目標，重新再出發。

　　出生日乙木之人不怕比肩劫財旺，喜愛結交朋友、愛運動，在運動思考中如何聯結人、事、物，充分的可讓自己運用，所以 1 甲木是 2 乙木的貴人，2 乙木者是甲木的小人，小人與貴人只在於一瞬間。

　　2 乙木之人若急著想要女人、賭博、享受、休息，就表示 2 乙木要走到終點了。

　　乙者陽過中，然未得正方，尚乙屈也。乙是彎曲。古文：「奮軋于乙」，象徵春天草木剛冒出土之時，彎曲著身子，奮力往上頂的樣子。

　　乙木為陰木，善於隨機應變，善於利用人際關係，生命力很強，屬於後天的天機星。在天為巽、為風；在地為彎道，為小花草、枝葉、藤蔓，韌性強，能屈能伸。乙木只要見丙火太陽，就能枝葉繁華、開花結果。

　　從 62 頁至 80 頁十天干之申論，可應用於您的出生日的天干，此天干即代表著您本身特有的個性，用您出生日的天干對照出生年天干，代表您與上司、長輩的互動關係，與屬下的互動情形。可查易林堂出版的「解開神奇數字代碼《一》」作對照，即知結果。

# 丙火十天干古文歌訣：

丙火明明一太陽，原從正大立綱常。

洪光不濁窺千里，巨焰光能遍入荒。

出世肯為浮木子。傳生不作濕泥娘。

江湖死水安能剋，惟怕成林木作秧。

## 3 為丙火：（洋溢笑容的明日之星）

丙火排序為3，為陽、為大，是太陽火無法低調的熱情，大自然的萬事、萬物，經過晚上的沉睡、休息，清晨太陽一昇起，人類心靈的希望，也冉冉而生，由此可知，是火來生木，木生機蓬勃，如果是木生火，是兩敗俱傷，木燒完，火也滅了。

3丙火之人是熱情的、感性的、主動、好客，也是躁動的，因為想幫助人，釋放出熱情的能量，所以他的一舉一動會容易引人注意，如政治人物、偶像團體…等，樂天知命，懂的化阻力為助力。凡事正面思考累積能量，讓身旁的人，如沐春風，在同儕談笑風聲，最為頂尖。

人生如戲，戲如人生，3丙火之人的演戲本領及才華，讓台下如癡如醉，鼓掌歡呼，3丙火之人，是熱情的，不吝嗇付出的那一個。

　　八字有3丙火之人，適合做公益活動，關懷弱者，喜歡讓太陽火照射每一個角落。有了火人才不致於憂鬱、晦暗，有火、有希望可以看清楚未來，不會渾渾噩噩的過日子，有火的人也較不受外在的牽制，會不按理出牌，火是五行裏，寶貴的能源、能量。

　　丙火怕遇地支黑暗的水，會讓丙火陷入黑暗，也會有官商勾結之象。3丙遇9的壬水，得以讓3丙火更光輝、更持久、更亮眼，所以3丙火也是洋溢笑容的明日之星。


　　丙、炳也。行夏之令，丙乃陽上而陰下，陰內而陽外。萬物皆炳然著見而強大。　古文「丙，火也，陰陽家稱火為丙為太陽，位南，陰氣初起，陽氣將虧，丙字字象乃陽功成入於門，門者天地陰陽之門也」。


　　丙火為純陽火，在天為太陽火、為光、為電、光明、亮麗；在地為政府、官員、知名度高的人物、宮廟。丙火之人性格急躁，好客多情，熱情大方，有禮貌，喜歡打抱不平，感情豐富。

# 丁火十天干古文歌訣：

丁火其行一盞燈，太陽相見奪光明。

得時能鑄千金鐵，失令難熔一寸金。

雖少乾柴猶可引，縱多濕木不能生。

其間衰旺須分曉，旺比一爐衰一熒。

## 4 為丁火：（漫步雲端的新貴）

丁火排序為 4、為陰，丁火為溫度、能量與磁場、香火傳承，與無形看不到的氣功……光芒不烈，但有溫馨的感覺，讓人有留戀之感。

科技的進步，讓世界變成一個地球村，也帶來人類對私生活的重視和隱藏，相對丁火之人，對週遭環境的敏銳性、和變化度，是具有一般人沒有的張力與耐力，喜歡將自己隱藏在都市裡，過著上班族的生活方式，隨身攜帶著最新的電子產品，可任自己運用自如穿梭在每一個時空的背景裡，當然也常有小迷糊之事發生，下班後也喜歡聚集三、五好友，一起喝酒、閒聊、烹煮食物讓好友品嚐。

八字有丁火的人，很容易碰到祖靈、香火牌位的問題，每隔幾年，就宜檢視祖墳或香火牌位，忌日時要虔誠的祭祀禮拜，讓先亡在另一個無形的空間，魂魄得以安寧。

五行當中只有木有生命，所以我們以 1 甲木代表人，遇 4 丁祖先、香火能帶給 1 甲木能量、磁場，造就 1 甲木的生成，於祭拜祖先時，能加上三牲酉雞，者可使 1 甲得到甜美的果實。

古文「夏時萬物皆丁實」，「丁承丙，象人心、能量、磁場、香火」。所謂丁實，就是果樹的果實已長成的意思。

丁火為陰火，為太陽下山後所留下的溫度。在天為磁場、電能、香火；在地如燈火、爐火、溫度、燭光、土地公廟。丁火內心不安全感重，重視精神層面，重視效率，適合在小團體當中，在大團體較無法被受到重視。

# 戊土十天干古文歌訣：

戊土城牆堤岸同，鎮江河海要根重。

柱中帶合行還壯，日下乘虛勢必崩。

力薄不勝金漏泄，功成安用木疏通。

平生最要東南健，身旺東南健失中。

## 5 為戊土：（不易攻破心防的修行者）

戊土排序為5、為陽，是高山上的硬土、燥土，不容易鬆軟（象徵著戊土之人，不容易攻破心防），適合巨大的神木、參天大樹生長，一長好幾百年，不動搖，也代表戊土的人變化少，安逸但固執。

戊的硬土，它的根基較穩固，但它也會遭受天災人禍的摧殘，土會流失、土會流動，土也遭受大自然的破壞，所以戊土之人，不喜歡較大的變動。

戊土之人，喜愛孤獨、思想沈寂、被動式的和人互動，在職場上精明與幹練，與同事間也合作無間，喜愛日出而作，日落而息的生活方式，下班後，工作與生活是分開的，喜歡與大自然為伍，用心體會四季的變化與更迭，享受自己寧靜的生活，不被打擾。

戊土之人，不善變通人際關係，如果有機會懂得凝聚向心力的共識，創造出生命的榮景，更可發揮出潛在驚人的力量。

戊字從「茂」字演變而來，所以戊就是茂盛，指植物都很茂盛的樣子。

戊為純陽土，粗硬的燥土，高山之土，城牆，思想保守、固執，常中年後接觸神佛、宗教。

## 己土十天干古文歌訣：

己土田園屬四維，坤深萬物為之基。
水金旺處身還弱，火土功成局最其。
失令豈能埋劍戟，得時方可用磁基。
謾誇印旺兼多合，不遇刑沖總不宜。

## 6為己土：（心胸開闊的田園）

己土排序為6，為陰土，己土為大地上的田園、軟土，環繞在我們四週圍眼睛所看到的可以種植蔬菜水果、種花的鬆軟土質，含有多元化的養份，以滋養花、草、蔬果生長，土裏有動物不吃不喝的睡著，還有蚯蚓蠕動著生機，土是一切萬物的根本，大地的搖籃、大地的母親。

6己土之人，平易近人、沒有架子、不懂拒絕別人，是爛好人的一種。6己土之人的內心世界是多彩多姿的，懂得利用時間學習才藝，充實內在的生活，知道人生的去向，了解世界局勢，懂得累積能量，在必要時釋放出好的能量、磁場，給予團隊新的點子。

6 己土之人外表客氣、有教養,想休息時會徹底放鬆,到外地旅遊,增長見聞。

6 己土能無中生有,創造出事業、鞏固事業版圖,而能無中生有的原素,來至於努力不懈的學習,如此產生了 3 丙火太陽之能量,普照大地。

6 己土之人適合當導遊,在這新時代、新氣象、新趨勢的行業裏,是觀光導遊為首,以己土開闊的心胸和眼光,用專業知識將團帶出美好的每一天。

古文「己,中宮也」,象萬物辟藏屈形也。
己土為陰土,為平原或田園之濕土,良田、可塑造的土,個性固執,包容性好、重感情。

例:　　　　生　生　生
　　　　　　日　月　年
　　　　　　己　甲　壬
　　　　　　　　②　　①

①生日己與生年壬,代表長輩、上司的互動,查61頁十神對照表,壬為己土的正財星,代表可得到長輩的錢財,或賺公家單位的錢財。

②生日己與生月甲,查61頁十神對照表,甲為己的正官星,代表與上司有良好的互動關係,或傳承父母的事業。

## 庚金十天干古文歌訣：

庚金頑鈍性偏剛，火制功成怕水鄉。

夏產東南遇鍛煉，秋生西北亦光

水深反見他相剋，木旺能令我自傷。

戊己干支重遇土，不逢沖破即埋藏。

## 7 為庚金：（強者的象徵）

庚金排序為7、為陽，在天是氣流、是風、是氧氣，也為傳播之氣，讓植物結成果實、種子，也帶動人積極、有企圖心、執行力，在地為剛硬銳利的金屬、刀箭；庚金之人，思想嚴密，不苟言笑，強勢、一板一眼、剛正不二，在軍中是將領，帶兵如天神，話出如刀，字字鏗鏘有力。

庚7有改革的氣魄，在金融界，可發揮長才，得用時，更可將事業版圖拓展到另一個層面、風行天下，創造未來，未來黃金十年，知道智慧財，比勞力財來的重要，所以會轉戰自己熟悉的領域。

7之求財是大財，一次全搜刮，要就來大的，不要就走人，7行事有魄力，但欠缺思考，反而在感情之對待，會改變情性，在事業上衝鋒陷陣，回到家中溫柔體貼，這是7庚金與1甲木最大的不同，甲木大男人，到家中面對老婆，會以老婆說了算，但7庚金回到家中，是體貼溫柔，對待另一半。

庚字是從更字演變而來，所以庚就是更換改變；指植物到了秋天，生機暫停，因此大地上的景色隨之改變的意思。庚是改變的意思，我們從古文中可清楚得知：「先庚三日，丁也；後庚三日，癸也。丁所以叮嚀其變之前，癸所以揆度其變之後」。揆度是推測它的意義。

庚為陽金，在天代表傳播之氣、強烈的氣流，如颱風、氧氣；在地為斧頭、剛銳的金屬及鐵礦；在人物為將軍。

## 辛金十天干古文歌訣：

辛金珠玉性虛靈，最愛陽和沙水清。

成就不勞炎火瑕，滋扶偏愛濕泥生。

木多火旺宜西北，水冷金寒要丙丁。

坐緣通根身旺地，何愁厚土沒其形。

## 8 為辛金：(披上神秘外套的貴婦)

辛金排序為8、為陰、在天是雲霧密佈之象、也為陰濕之氣；雲霧積聚很多，無法化成雨水落下落地，便有陰氣沈沈的鬼魅之象，也類似病菌、發霉的象，癌症、腫瘤、乳癌都是辛金8的氣。

辛金8也為二氧化碳、缺氧，於室內辛金8過重，就會發霉，家中之人易犯癌症、腫瘤，宜保持室內空氣流通。陽宅四要：整潔、乾淨、明亮、氣流通。如此居於家中，才能有朝氣、企圖心，擴展事業版圖。

辛金之人外表貴氣，無行動力，重感覺、愛幻想，力道不足，所以會像雲霧一樣膠著，所以辛金之人碰到問題，就會往宗教裡去尋求解脫，和心靈層次的成長，在冥想、靜心當中，開啟智慧的寶庫。

8 辛金遇到溫度 4、太陽 3，才會化為水，轉化其功能性，也代表可學以致用、才華洋溢，可完美的演出。

8 辛金也為貴重的金飾，經過精心雕琢的鑽石、珠寶，氣質非凡；遇到 9 壬水，可洗滌 8 辛金之濁氣、汙垢，讓 8 辛金更美、更有貴氣，也能將幻想付之行動。

辛字從革字演變而來， 古文：「金曰從革，從革作辛」， 「秋時萬物成熟，金剛味辛」。

辛為陰金，在天為月之精，也代表雲霧，二氧化碳。在地為果實、珠寶金，經過加工的有價金屬。

例：　　　　生　生
　　　　　　時　日
　　　　　　壬　辛

解：生日為辛日生（查萬年曆的生日），生時為壬水，生時為往外的互動情性，查 61 頁十神對照表，生日辛遇壬為傷官，代表才華洋溢，能學以致用。壬水可洗滌 8 辛金之濁氣、汙垢，讓 8 辛金更美、更有貴氣，所以出外總是光鮮亮麗，氣質非凡。

## 壬水十天干古文歌訣：

壬水汪洋併百川，漫流天下總無邊。

干支多聚成漂蕩，火土重臨固本源。

養性結胎須午未，長生歸祿屬乾坤。

身強原自無財祿，西北行程厄少年。

## 9 為壬水：（揭開海洋世界的奧秘）

壬水排序為 9、為陽，是海洋中動靜皆宜的河水，壬水之人較海派，也喜歡熱鬧。這是一個快轉的年代，做每件事情，都要符合經濟效應，壬水之人的機巧、靈敏、動作敏捷、快速，是這個時代的產物，他勇於表現自己，推銷自己，善於掌握時機點，讓自己加分、得利。相對的在這樣物質不缺的年代，有可能上台下台，只是一瞬間，變化太快了，沒有足夠的根基，很容易淘汰下來，被時代的大洪流所淹沒，如同土石流一樣，瞬間化為烏有，將是前功盡棄。

壬水會沖刷己土，沖掉上面一層薄薄的土，像沙灘上的浪潮，一滾滾的打上岸邊，卻紛紛又退回去，又打上來，己土依然存在，此時的己土是得到一筆又一筆的金錢收入，但如己土不自我學習成長，是很難留得住財星的。

　　壬水善於侵伐，動作敏捷，進退之間掌握得很恰當，但卻怕低陷之地，一去將無法再回來了，此時叫天天不靈，教地地不應。

　　古文「壬之為言任也，言陽氣任養萬物干下也」，任字古時候用同妊娠的妊，任養萬物，干下就是孕育種子在泥土裡面。

　　壬為陽水，在天為月、為雲河。在地為流動快速或面積大的水，如海水、江水、瀑布，灌溉用的水。

# 癸水十天干古文歌訣：

癸水應為雨露水，根通亥子即江河。

柱無坤坎身還弱，局有財官不尚多。

申子辰全成上格，寅午戌備要中和。

假饒火土最深夏，西北行成豈太過。

## 10 為癸水：（人生的深度與寬度儘在癸水裡）

癸水排序為 10、0、為陰，為滋養萬物萬事的雨露之水;癸水之人逆向思考，反向操作，學習學術，懂得天地之間、宇宙萬物陰陽交媾，合和為一之事，像隱藏在黑夜裡窺探的眼睛，了解冥冥之中，有一股力量在主宰著，所以對人、事、物，都要存著一股善心，如此這般對待，時間一過，連天、地、鬼、神，都要禮敬你，相反的如操控他人，賣弄學術，只想到個人利益的人，其結果、下場很淒涼。

癸水也可以代表病毒、病菌源頭，在明年癸巳年來臨時，將掀起一股比癸未年 SARS 更嚴重的細菌大作戰，所有的人，宜小心鍛練身體，將可逃過此病毒的侵害。

　　癸水之人，心思較敏感細膩，宜用太陽光調理，若遇丁火時，將有一連串黑暗、崎嶇在交戰著，吉凶有時在一瞬間，成也癸水育木(春夏)，敗也癸水毀木(秋冬)，若知道天地之間的道理，就是保持正確的心念，一直走下去，才能免於天之責罰。

　　古文：「癸者歸也，象水從四方流入土中之形」。癸為陰水，在天為雨露之水，為陰煞。在地為泉源、小河、溪流、井水，也易感應到鬼神之事。

　　十天干：十個字就是古賢所選出來，用以代表地支透出在外，可以明確用眼睛看到的大自然十種事象，取名十天干。

(以上十天干由太乙文化事業許碧月老師筆錄提供，節錄至「解開神奇數字代碼《一》」)

# 第二節. 十二地支

十天干與十二地支在命理、五術上是基本的元素，所有最深澳的學術，完全在最基本的元素當中，讀者要熟讀這二十二字，瞭解其意涵，必能應用自如。

十二地支之陰陽分藏干之陰陽及排序之陰陽，論斷推演上以藏干之陰陽為主，而排序之陰陽，用於計算年、月、日、時的六十甲子排序。

## 十二地支陰陽　（以地支所藏之陰陽為其陰陽）

寅、辰、巳、申、戌、亥　屬陽

子、丑、卯、午、未、酉　屬陰

## 十二地支排序陰陽與生肖

1 子屬鼠　　2 丑屬牛　　3 寅屬虎　　4 卯屬兔

5 辰屬龍　　6 巳屬蛇　　7 午屬馬　　8 未屬羊

9 申屬猴　　10 酉屬雞　　11 戌屬狗　　12 亥屬豬

1 子、3 寅、5 辰、7 午、9 申、11 戌　　屬陽

2 丑、4 卯、6 巳、8 未、10 酉、12 亥　　屬陰

　　此為排六十甲子順序所用

## 以十二地支的標準時間來說：

1 子時：今晚的十一點到明天凌晨一點，其道理
　　　　和月份相同，如同人之出生，一切從此開
　　　　始，八字學上以子時起換日柱，不分早子時
　　　　或晚子時，晚上十一點後就要換日柱了。
　　　　此由天黑要轉為天亮。

2 丑時：凌晨一點到三點。寒氣凍結。深夜過後，雞鳴
　　　　之時。

3 寅時：清晨三點到五點。古人稱日出寅。寒氣
　　　　升起。黎明，天剛亮時。

4 卯時：早晨五點到七點。太陽從地平線昇起。日始
　　　　古人稱「天光卯」。寒氣漸漸轉為水，癸水
　　　　長生於卯。太陽剛剛露碾，冉冉初升時。

5 辰時：早上七點到九點。太陽逐漸升高。溫度升高。
　　　　別名：食時。吃早餐的時間。

6 巳時：上午九點到十一點。太陽已升的很高，將接近
　　　　中午。隅中。庚金風開始形成，庚金長生在巳。

7 午時:中午十一點到十三點。花草樹木生氣蓬勃。

乙木長生於午。日正中午之時,太陽最猛烈。

8 未時:下午十三點到十五點。溫度持續升高。

稱日跌。指太陽偏西而行。

9 申時:下午十五點到十七點。太陽偏西。古人稱:

「日落申」。西曬之時。稱日哺、夕時。

10 酉時:黃昏十七點到十九點。太陽逐漸降至地平

上。古人稱「點燈酉」。丁長生於酉。

稱日沉、日落、傍晚。太陽下山時。

11 戌時:晚上十九點到二十一點。戌以十二生肖代

表狗,此時古人稱「天狗食日」太陽消失。

庚金與丙火同遯於戌。稱日暮、日晚、日夕。

天已黑,太陽下山,光明不在。

12 亥時:晚上二十一點到二十三點。甲木開始長

生,此時肝、膽受到滋生。

夜色以深,人們停止活動且已休息。

# 十二地支代表的十二辟卦及類化取象

## 十二地支藏干及類化取象

子藏「癸」，為十一月令仲夏之季，時間為深夜11點至凌晨1點。於十二辟卦為 ䷗ 地雷復卦，一陽潛藏，甲木埋根而長。

**子水類化取象：**代表池塘、水滴、雨露、冰水、清涼的水、暗溝、小偷、低陷處、毛筆、字畫。

丑藏「己、癸、辛」，為十二月令季冬之季，時間為早上1點至3點。於十二辟卦為 ䷒ 地澤臨，形成二陽。

**丑土類化取象：**偏僻地方、人煙稀少、山丘之地、墳墓、冷藏之地、結霜之山、櫃子、冰櫃、結構體、模具。

寅藏「甲、丙、戊」，為正月令孟春之季，時間為早上3點至5點。於十二辟卦為 ䷊ 地天泰，三陽開泰，融冰之時。

**寅木類化取象：**大的木製傢俱、樹木、公園、路燈、果樹、木屋、指標性建築、學校、貓。

　　卯藏「乙」，為二月令仲春之季，時間為早上 5 點至 7 點。十二辟卦為 ䷡ 雷天大壯，木火土相當旺盛。

**卯木類化取象**：小盆栽、籐類植物、瓜菓、文書、小傢俱、書本。

　　辰藏「戊、乙、癸」，為三月令季春，時間為早上 7 點至 9 點。十二辟卦為 ䷪ 澤天夬，草木茂盛，蓬勃而生。

**辰土類化取象**：低窪之處、地下室、地下通道、水庫、田園、熱鬧之地、稻田、店面。

　　巳藏「丙、庚、戊」，為四月令孟夏，時間為早上 9 點至 11 點。十二辟卦六陽之乾卦 ䷀ ；此六陽無陰，完美主義者，凡事講求完美無缺，有潔癖。

**巳火類化取象**：飛機、飛鳥、最快的驛馬、太陽、大廟、公家機關、宗祠、能源。

　　午藏「丁、己」，為五月令仲夏，時間為中午11點至下午1點。十二辟卦為 ䷫ 天風姤，一陰升起。

**午火類化取象：**投射燈、熱爐、宮廟、便利超市、槍砲、火爐、能源供應地。

　　未藏「己、丁、乙」，為六月令季夏，時間為下午1點至3點。十二辟卦為 ䷠ 天山遯，變為四陽二陰之地。十二長生訣為衰位，為天官賜福，可享受午休的時候。

**未土類化取象：**土地廟、萬應公、熱鬧之地、菜市場、店面、小廟、床、衣櫃、田園。

　　申藏「庚、戊、壬」，為七月令孟秋之季，時間為下午3點至5點。十二辟卦為 ䷋ 天地否，此時也易引來小人、盜寇。

**申金類化取象：**神明、電源、水源、水井、鐵皮屋、汽車修護廠、鐵軌、鐵櫃、鐘聲。

　　　　酉藏「辛」，為八月令仲秋之季，時間為傍晚 5 點至 7 點。十二辟卦為　☴☷ 風地觀，觀為設立宗教、嚇止犯罪。

**酉金類化取象：**果樹、果園、廚房、黃金珠寶、五金物　　　　　　　　品、金屬製品、靈骨塔、墳墓。


　　　　戌藏「戊、辛、丁」，為九月令季秋之時，時間為晚上 7 點至 9 點。十二辟卦為　☶☷山地剝，剝為成熟果實，辛金剝落於戌高山之土，又十二長生為墓位收藏，墓為不再變動了。

**戌土類化取象：**山上修行場所、山坡地、電鐵塔、城牆、　　　　　　　　高突之地、別墅、宮廟。


　　　　亥藏「壬、甲」，為十月令孟冬之季，時間為深夜 9 點至 11 點。十二辟卦為六陰之地　☷☷坤為地，十二長生訣為絕，絕為陽氣不臨六爻全陰。

**亥水類化取象：**盜寇、小偷、河流、湖泊水沱、瀑布、　　　　　　　　水圳、貿易、海洋、海運。

# 第四節. 十二地支微氣藏干

　　要學好八字，十天干與十二地支的單獨屬性及互相之作用，都是基本功，但也是最深奧的學術，一切都來自於其對應之互動關係，不可不知。

## 微氣藏干（括弧內的藏干為其地支的本氣)

子：(癸)　　　丑：(己).癸.辛　　寅：(甲).丙.戊

卯：(乙)　　　辰：(戊).乙.癸　　巳：(丙).庚.戊

午：(丁).己　　未：(己).丁.乙　　申：(庚).戊.壬

酉：(辛)　　　戌：(戊).辛.丁　　亥：(壬).甲

## 十二地支微氣藏干歌訣：

　　子宮癸水在其中。丑己癸水辛金逢。
　　寅中甲木兼丙戊。卯宮乙木獨相逢。
　　辰藏戊乙三分癸。巳內丙火庚戊從。
　　午中丁火並己土。未中己丁乙木通。
　　申位庚金戊壬水。酉宮辛金獨豐隆。
　　戌宮戊土辛丁火。亥藏壬甲是真宗。

## 十二地支微氣藏干之原由

**子：**亥水為流動的水，到了子終會變為靜止之水（癸），以利胚胎在母親腹中安全穩定成長，所以十二長生訣辛金長生在子，辛金為胚胎、種子之意；子水也如同腹中的羊水。所以**子藏（癸）**，於季節為十一月令，時間為深夜 11 點～凌晨 1 點，為一天的開始，也為冬天之氣為仲冬。

**丑：**屬牛，丑土凍結的高山之土，為履霜堅冰至，為寒冬之氣。到冬天之後，靜止的水（癸）結成如土地（己）般堅硬的冰，讓種子（辛）藏身在大地土腹（己）之中，準備發芽成長；用靜態的水（癸）、寒凍（己）來保護種子（辛）。**丑藏（己、癸、辛）**，於季節為十二月，時間為早上 1 點～3 點，冬天之氣為冬季。

**寅：**為老虎，喜歡為王，為春天木（甲）。百花盛開，日出寅，寅時太陽（丙）從高山（戊）上升起，樹木也立於高山上成長（甲）。所以**寅藏（甲、丙、戊）**，於季節為正月令，時間為早上 3 點～5 點，春天之氣為孟春。

**卯**：屬兔，甲木樹幹經丑至寅破土而出，到了卯為枝葉的成長；卯木為春天樹剛發芽的枝葉，枝葉為（乙）木；大地花草茂盛，無法看到花草底下的己土。**卯藏（乙）**，於季節為二月令，時間為早上5點～7點，春天為仲春。

**辰**：屬龍，辰為高山之土（戊），代表地網專收水資源，此土為陽體，但為陰用，乃辰居於先天兌卦，兌為沼澤，蓄水之地，為蓄水的水庫；癸水長生在卯，在春雨綿綿時將雨水（癸）收藏，以利於花草植物（乙）的灌溉成長。所以**辰藏（戊、乙、癸）**，於季節為三月令，時間為早上7點～9點，春天之氣為季春。

**巳**：屬蛇，巳時太陽（丙）高照在大海上，此時高溫驅動氣流、風（庚），所以庚由此長生；太陽沿著高山（戊）運行。**巳藏（丙、庚、戊）**，於季節為四月令，時間為早上9點～11點，夏天之氣為孟夏。

**午**：屬馬，午為太陽一直往上升，此時日正當中，溫度（丁）一直增加，讓大地（己）之物一直成長。此午也為太陽所留下的溫度（丁），但此時的午所代表的是溫度一直在增加，為一種能量，可以讓土地（己）上的萬物成長。

所以**午藏（丁、己）**，於季節為五月令，時間為中午11點～下午1點，夏天之氣為仲夏。

**未**：屬羊，未土為高溫之土己，太陽已經從午到未，大地（己）產生了磁場（丁），孕育萬物（乙），有了良好的土地（己）和溫度（丁），使花草植物（乙）、萬物成長，所以**未藏（己、丁、乙）**，於季節為六月令，時間為下午1點～3點，夏天之氣為季夏。

**申**：屬猴，申為秋天肅殺之氣，也代表未成熟的果實，此時天氣燥熱，會產生颱風、氣流（庚），也考驗著木的成長；此申金颱風會引來大量的雨水（壬），從高山（戊）急流而下，也容易產生土石流。所以**申藏（庚、戊、壬）**，於季節為七月令，時間為下午3點～5點，為秋天之氣孟秋。

**酉**：屬雞，酉為秋收之季，也為颱風過後所留下的果實，酉（辛）代表甜美成熟的果實，亦為西方之氣，佛家因此稱之西方極樂世界，就是代表此酉是享成之氣。所以**酉藏（辛）**，於季節為八月令，時間為傍晚5點～7點，為秋天之氣仲秋。

**戌**：屬狗，戌代表天羅之地，專收陽氣丙、庚，所以丙庚同遯於戌。戌為高山之土（戌），酉金為過成熟的果實（辛），必會剝落於土地（戌）上，土地（戌）內藏有溫度（丁），才可以讓果實種子（辛）重新萌芽成長。所以**戌藏（戌、辛、丁）**，於季節為九月令，時間為晚上7點～9點，為秋天之氣季秋。

**亥**：屬豬，亥為經由高山戌所流下帶有速度的壬水。此水（壬）又遇到土地及溫度，可重新讓木（甲）成長，故甲木長生在亥；壬為流動的水，如同腹中胎兒剛在孕育、不穩定的狀態下，不見天日（亥代表黑夜，六陰之地），為陰陽交界之象。**亥藏（壬、甲）**，於季節為十月令，時間為深夜9點～11點，為冬天之氣孟冬。

# 第三篇.
## 時空論斷推命之步驟排盤要領

　　本書為了要讓初學者也能由本書的編排，按步就班的進入八字命理堂奧，所以也加入了四柱八字及五柱、十柱時空論命的命盤排法，初學者可購買易林堂出版的「史上最便宜、最精準、最實用彩色精校萬年曆」作為查詢的工具書，此書精裝本 576 頁，慶祝首次發行，定價原本 650 元，現在優惠定價才 320 元，是排八字及紫微斗數的工具書，是不得不具備的工具書。

## 四柱八字 (五柱、十字) 命盤的排法
## 年月日時分的干支排列

　　所謂的四柱就是人出生的年、月、日、時，即代表樹木的根、苗、花、菓，每一柱會出現一個天干及一個地支，四柱共八個字稱之四柱八字學，於時空論命稱之五柱十字學；八字也可代表人居住生活所接觸到的八個方位、現象、環境，就是以十天干和十二地支，按天干與地支的順序相配，成為六十甲子，以六十為一個循環，如六十年、六十月、六十日、六十個時辰、六十個分、為一個循環。

　　**從古至今**，年、月、日、時均以干支為代號，到底起源自何時無法考證，一般都以為黃帝開國時為甲子年甲子月甲子日甲子時，一直流傳至今。

　　六十甲子是各取一個天干、地支互相搭配而成的，陰性天干配陰性地支，陽性天干配陽性地支，八字中的年柱、月柱、日柱、時柱就是以它為基礎代表。

　　以排序一、三、五、七、九、十一為陽，排序二、四、六、八、十、十二為陰。來排定所組成的年、月、日、時，為易理所說的四象及四季，元、亨、利、貞即為四柱。


　　要排八字命盤最簡單的方式就是用電腦排八字命盤，但本人建議不可用電腦排，乃在使用時空論命時，要求快速、直接，當您常用電腦後，就失去了排盤、換盤、換卦的靈活性了，所以還是建議學習用萬年曆來查對，只要常練習，排一組八字或十字，也不過一、二分鐘就可完成，暗自在心中排心盤，快速又神祕。


　　對於初學者而言，先熟悉如何以節氣判斷所屬的年份和月份來排定年柱(出生年份的天干地支)及月柱(出生月份的天干地支)，再用日柱(出生日的天干

地支)和出生時辰算出時柱(時辰的天干地支)之後，因規則模式已經了解熟悉，再來學習如何不用萬年曆也能算出日柱的方法，會比較容易理解也比較輕鬆。但本人也不建議日柱用算的，還是直接查對「萬年曆」較實際，也較不會失誤。

因為如果要算出日柱，就必須記住每年正月初一的天干地支，以及節氣交過立春的時辰，連每年的小月及何年何時閏月都不能漏掉或忘記，才有辦法精準的算出日柱的天干地支，因此要熟背近百年重要時辰，是不用萬年曆就能推算出日柱的必要條件，但建議將此時間來學習論命的推演、直斷，會比學習不用萬年曆排八字更重要更有價值，但於時空論命，我們是排到分柱，本人在易林堂出版社有著作「史上最便宜、最實用、最精準的彩色精校萬年曆」，內容有分柱的查對表，讓您快速精準的找到當下的時空。

# 第一節. 排年柱

**排年柱：**

　　排年柱重點在於一年的開始之標準為立春，每年立春的開始，也就是新的一年的開始，對於出生在接近年初和年尾的人來說，如何得知自己之出生年份，就要懂得怎麼判斷，自己的出生日是在立春前或立春後 ，才有辦法去對照，一般立春都在國曆的 2 月 4 日左右。

**例如：**

　　今年國曆民國 101 年 2 月 4 日 17 點 10 分生，查農曆為：壬辰年正月十三日 17 點 10 分（酉時）生，那麼此命一般人會誤以為已在農曆正月十三日了，會以屬龍來記載，但詳查萬年曆此命主到底是屬兔的辛卯年次，還是屬龍的壬辰年次？

**答案：**

　　首先要看農曆 101 年的立春是從何時開始，查萬年曆得知 101 年的立春為農曆的年正月十三日十八點二十二分（酉時）。

　　命造與 101 年的立春是同年同月同日也同時辰，但請注意此命造的出生時辰是 17 點的 10 分（酉時）出生，而立春雖然也是在酉時，可是要在 18 時 23 分後，才算是立春，因此命造的 17 點 10 分尚未到達 101 年 18 點 22 分的立春時分，所以必須要算是辛卯年的屬兔之人。

　　又明年的癸巳年是在今年壬辰年的農曆十二月二十四日清晨零時 13 分後，即已交過立春（102 年國曆 2 月 4 日清晨零時 13 分後），所以今年壬辰年十二月二十四日晨零時 13 分過後，即已算是癸巳年，為屬蛇，非屬龍，這是排年柱時要特別注意的。

年柱為人的先天命宮，所以一般在擇日學上，都會以年柱為主，也就是出生年為主，因為出生年是上天給您的一個符號。

# 第二節. 定月柱

## 定月令：

　　　　一般人會將每年的農曆正月初一，當作一年的開
始，但排八字四柱時並不採用此標準，來判斷年份及
月份，而是用每年十二個月，每個月的「節」為月初、
為月的開始，「氣」為月中的標準，所組合而成的二
十四節氣來判斷年份及月份。

　　　　以常情而言皆以初一即是月首，而八字命理學上
則是以「節」為標準。

## 十二月建

　寅正月＿＿由立春(節)經雨水(氣)至驚蟄前

　卯二月＿＿由驚蟄(節)經春分(氣)至清明前

　辰三月＿＿由清明(節)經穀雨(氣)至立夏前

　巳四月＿＿由立夏(節)經小滿(氣)至芒種前


　午五月＿＿由芒種(節)經夏至(氣)至小暑前

　未六月＿＿由小暑(節)經大暑(氣)至立秋前

　申七月＿＿由立秋(節)經處暑(氣)至白露前


　酉八月＿＿由白露(節)經秋分(氣)至寒露前

　戌九月＿＿由寒露(節)經霜降(氣)至立冬前

亥十月＿＿由立冬(節)經小雪(氣)至大雪前

子十一月＿＿由大雪(節)經冬至(氣)至小寒前

丑十二月＿＿由小寒(節)經大寒(氣)至立春前

　　上述的立春(一月)、驚蟄(二月)、清明(三月)、立夏(四月)、芒種(五月)、小暑(六月)、立秋(七月)、白露(八月)、寒露(九月)、立冬(十月)、大雪(十一月)、小寒(十二月)等稱為「節」，而雨水、春分、穀雨、小滿、夏至、大暑、處暑、秋分、霜降、小雪、冬至、大寒等稱為「氣」，一節一氣各佔每月的一半，一年十二個月，總共有二十四節氣，節是月之起，氣是月之中，排八字以「節」，傳統排命宮用「氣」，而排紫微斗數是以每月的初一(稱太陰曆)來論月，所以在各個學術上的應用有其不同的工具使用，要特別注意。

## 排月柱：

　　排月柱和年柱一樣都是以節氣為標準，並非是以每個月的初一來作為一個月的開始，而是以節氣的「節」為月份的開始，每個時分都會影響日子的計算，每個日子也一樣會影響月份的推算，所以了解時辰和日子何時交替，是推算月份及年份的基礎。

例如:

　　國曆:民國 101 年 5 月 4 日晚上 23 點 10 分,要注意時辰已經算是新的一天為 5 日的開始。(一般有的老師把此時定位為 4 日的晚子時,日期不變.時辰變)如國曆 5 月 5 日,凌晨 0 時 10 分為民國 101 年農曆的四月十五日,時辰不變,仍是凌晨 0 點 10 分;四月份的節氣為「立夏」因此要先查出此年的何月何日何時幾分交接為「立夏」,再對照出生時辰是為「立夏」之前或之後,「立夏」之前的節氣為三月(辰月),如為「立夏」之後則是四月(巳月),此外還需注意是否已交過五月份的節氣「芒種」,如果有當然就要算是五月(午月)而非是四月了。

　　101 年國曆 5 月 5 日為壬辰年的農曆四月十五日十點(巳時)二十分之後的節氣交接過立夏,如命造為農曆 4 月 21 日,此日早已交過「立夏」,如命造為一〇一年國曆 5 月 4 日晚上 23 點 10 分農曆四月十四日,此日 23 點 10 分早已交過子時,所以原本十四日要變成十五日的子時,但未到達四月十五日十時二十分之節氣「立夏」,所以就算沒有對照時和分,也能

知道此命造的月柱為農曆壬辰年的甲辰月，而非乙巳月，乃未交過「立夏」的日、時、分。

> 月柱之排法：月柱是從天干去求取出來的，除了注意節氣何時交替之外，也需注意遇到閏月之時，可能會產生的錯誤推算，所以出生在閏月之人，需要更小心的求證節氣何時交替，別去在意農曆的月份為幾月，必須同樣的以節氣為推算月份標準，才不會出錯，若以國曆推算何時交節氣會比農曆更準確。

例如：

國曆：民國 101 年 6 月 6 日上午 10 點 30 分，查農曆為壬辰年閏四月十七日上午十點（巳時）三十分，一般國曆的 6 月 5 日到 7 月 7 日都為芒種至小暑的節氣，也就是午月之節氣，但農曆就不一定了。

此例壬辰年農曆閏四月十七日為國曆 6 月 6 日為芒種之節氣，直到農曆五月十九日的丑時才轉為小暑六月的節氣，所以剛開始我們可先查出農曆閏四月份的節氣「立夏」與「芒種」何時交替，再來用出生時辰對照節

氣是否已交過立夏，交過是算四月（巳月），如已交過而芒種未達小暑之節氣則為五月（午月），如果已經交過節氣小暑，那就要算是六月（未月）。

　　農曆壬辰年閏四月十六日十四點二十六分（未時）之後的節氣已交過芒種，命造的出生時辰閏四月十七日已交過芒種的閏四月十六日，所以此命造的所屬月份是五月，查萬年曆的月令為農曆壬辰年的丙午月。

　　在不知道月干的情況下，如果有正確的月份地支，就可以用過去流傳下來的古訣［五虎遁月歌］來推算出正確的月干，求得完整的月柱。

## 五虎遁月歌：

　　五虎遁月歌是採用年柱之天干和月柱之地支，作為換算的標準，所謂的五虎的「虎」是指用配陽性天干甲、丙、戊、庚、壬配上陽性的地支「寅」，寅在生肖中為［虎］，因此古訣中所提供的五組換算月柱的標準起點為丙寅、戊寅、庚寅、壬寅、甲寅統稱：五虎。

　　我們可直接對照年柱起月柱排列表：五虎遁此表以經完整的排列，可直接查詢，但如想用五虎遁月歌，那就必需熟背六十甲子的排序，才能駕輕就熟。於易林堂萬年曆第十二頁。

## ※年柱起月柱排列表 (五虎遁)

| 新曆 | 農曆 | 年干<br>節 | 甲己<br>之年 | 乙庚<br>之年 | 丙辛<br>之年 | 丁壬<br>之年 | 戊癸<br>之年 |
|------|------|------|------|------|------|------|------|
| 2 月 | 正月 | 立春 → 驚蟄 | 丙寅 | 戊寅 | 庚寅 | 壬寅 | 甲寅 |
| 3 月 | 二月 | 驚蟄 → 清明 | 丁卯 | 己卯 | 辛卯 | 癸卯 | 乙卯 |
| 4 月 | 三月 | 清明 → 立夏 | 戊辰 | 庚辰 | 壬辰 | 甲辰 | 丙辰 |
| 5 月 | 四月 | 立夏 → 芒種 | 己巳 | 辛巳 | 癸巳 | 乙巳 | 丁巳 |
| 6 月 | 五月 | 芒種 → 小暑 | 庚午 | 壬午 | 甲午 | 丙午 | 戊午 |
| 7 月 | 六月 | 小暑 → 立秋 | 辛未 | 癸未 | 乙未 | 丁未 | 己未 |
| 8 月 | 七月 | 立秋 → 白露 | 壬申 | 甲申 | 丙申 | 戊申 | 庚申 |
| 9 月 | 八月 | 白露 → 寒露 | 癸酉 | 乙酉 | 丁酉 | 己酉 | 辛酉 |
| 10 月 | 九月 | 寒露 → 立冬 | 甲戌 | 丙戌 | 戊戌 | 庚戌 | 壬戌 |
| 11 月 | 十月 | 立冬 → 大雪 | 乙亥 | 丁亥 | 己亥 | 辛亥 | 癸亥 |
| 12 月 | 十一月 | 大雪 → 小寒 | 丙子 | 戊子 | 庚子 | 壬子 | 甲子 |
| 1 月 | 十二月 | 小寒 → 立春 | 丁丑 | 己丑 | 辛丑 | 癸丑 | 乙丑 |

訣曰：甲己之年丙作首，乙庚之歲戊為頭，

丙辛之年由庚起，丁壬壬位順水流，

戊癸之年起甲寅。

背法：甲己起丙寅，乙庚起戊寅，丙辛起庚寅，

丁壬起壬寅，戊癸起甲寅。

# 以下是遁月歌訣詳解

## 甲己之年丙作首（甲己起丙寅）：

在這裡的甲、己是指年柱的天干，丙則是丙寅，
也就是說年柱是甲寅、甲辰、甲午、甲申、甲戌、
甲子及己卯、己巳、己未、己酉、己亥、己丑的
人要從丙寅開始順數到自己的月支。（可直接查對
萬年曆，即有干支）。

例如：年柱是甲子，月柱地支為酉之人，那就要從丙寅
　　　開始順數→丁卯→戊辰→己巳→庚午→辛未→
　　　壬申→到自己的地支酉的月柱→癸酉為止，而癸
　　　酉就是年干是甲或己，而月支是酉之人的月柱。

## 乙庚之歲戊為頭（乙庚起戊寅）：

這裡的乙和庚同樣是指年干，也就是說年柱為乙
卯、乙巳、乙未、乙酉、乙亥、乙丑及庚寅、庚
辰、庚午、庚申、庚戌、庚子之人，就要從戊寅
開始順數到自己的月柱地支。

例如：年柱是乙丑，月柱地支為巳的人，那就是要從戊
　　　寅開始數→己卯→庚辰→到自己的地支巳的月
　　　柱→辛巳為止，辛巳就是年干乙或庚，月支為巳
　　　之人的月柱。

## 丙辛歲首尋庚起 (丙辛起庚寅) ：

年柱為丙寅、丙辰、丙午、丙申、丙戌、丙子及
辛丑、辛卯、辛巳、辛未、辛酉、辛亥之人皆需
庚寅開始順數到自己的月支為止。

## 丁壬壬位順水流 (丁壬起壬寅)：

年柱為丁丑、丁卯、丁巳、丁未、丁酉、丁亥、
及壬寅、壬辰、壬午、壬戌、壬子之人，皆需從
壬寅開始數到自己的月柱地支為止。

例如：今年壬辰年農曆四月二十一日(壬申日)，查對節
氣為巳月，那就要從壬寅一月開始順數→癸卯→
甲辰→乙巳止，乙巳為自己要查對的月柱，所以
乙巳月就是年干丁或壬的月柱。

## 若言戊癸何方發，甲寅之上好追求 (戊癸起甲寅)

年柱為戊寅、戊辰、戊午、戊申、戊戌、戊子及
癸卯、癸巳、癸未、癸酉、癸亥、癸丑之人，皆
需從甲寅開始數到自己的月柱地支為止。

## 用國曆推測節氣的交替日期

節氣的交替大部份是有規律的，我們可用國曆來作推測，但準確性並非百分之百，因為有時會有一天的誤差，但超過節氣的交換約一天後，就可直接用此方法來作節氣的判讀，但如果不是身邊無帶萬年曆或其他資料可查證的情形下，是不建議用此方式來推測。

## 茲將每年二十四節氣與陽曆對照日期列出：

◎正月立春(節)均在每年陽曆二月四日或五日。

◎二月驚蟄(節)均在每年陽曆三月五日或六日。

◎三月清明(節)均在每年陽曆四月五日或六日。

◎四月立夏(節)均在每年陽曆五月五日或六日。

◎五月芒種(節)均在每年陽曆六月五日或六日。

◎六月小暑(節)均在每年陽曆七月七日或八日。

◎七月立秋(節)均在每年陽曆八月七日或八日。

◎八月白露(節)均在每年陽曆九月七日或八日。

◎九月寒露(節)均在每年陽曆十月八日或九日。

◎十月立冬(節)均在每年陽曆十一月七日或八日。

◎十一月大雪(節)均在每年陽曆十二月七日或八日。

◎十二月小寒(節)均在每年陽曆一月五日或六日。

# 第三節.排日柱及時柱

## 排日柱的方法與代表的個性、特質

出生的日期我們可直接查對萬年曆即可,而所查對出來的天干,也代表著本人呈現於外在的人格特質,別人看到的你是什麼的個性。本書第 57 頁起有十天干之基本特性。

## 排時柱:

排時柱必須要知道日柱的天干和出生的時辰找出「萬年曆」中的日柱起時柱排列表(五鼠遁)直接查表對照即可;也可用歌訣:五鼠遁時歌,來推算出時柱。於易林堂萬年曆第十三頁有五鼠遁對照表。

六十甲子分佈於每天十二個時辰,六十個時辰共五天輪一次周期,周而復始,一天二十四小時,每二小時為一時辰,由晚上十一點起每二小時換一時辰,晚上十一點至凌晨一點為子時,為一天的開始,也就是新一日的轉換,凌晨一點至三點為丑時,凌晨三點至凌晨五點為寅時,上午五點至七時為卯時,上午七點至九點為辰時,上午九點至十一點為巳時,上午十一點至中午一點為午時,下午一點至三點為未時,下午三點至五點為申時,下午五點至七點為酉時,晚上七點至九點為戌時,晚上九點至十一點為亥時。

推算月柱的五虎遁月歌,同理是推算時柱的五鼠遁時歌訣,但月柱即使不用五虎遁月歌的古訣,也能從萬年曆查出正確的月柱,而時柱是無法從萬年曆中查出,一定用日柱天干和時柱地支(出生時辰)來以歌訣「五鼠遁時歌」中,所提供的換算標準,來算出時柱,由此可知五鼠遁時歌是學排八字中不能不知道的重要基本功。

## 五鼠遁時歌

五鼠遁時歌是採用陽性天干甲、丙、戊、庚、壬來和陰性地支[子]所配成的五組干支,來作為換算時柱的標準起點,[子]在地支生肖中為鼠,因此甲子、丙子、戊子、庚子、壬子,這五組干支在歌訣中統稱:**五鼠(可對照本書第112頁日柱起時柱排列表:五鼠遁)**

## 甲己還加甲 (甲己起甲子)

這裡的甲己是指日柱天干為甲或己日生之人,還加甲則是指換算標準必須要以甲子為起點,也就是日柱為:甲子、甲寅、甲辰、甲午、甲申、甲戌及己丑、己卯、己巳、己未、己酉、己亥的人要從甲子開始順數到自己的時柱地支(出生時辰)。

例如：日柱為己亥，出生時辰為申時之人，那就必須從
　　　甲子開始順數→經乙丑→丙寅→丁卯→戊辰→己
　　　巳→庚午→辛未到自己的出生時辰為申時的時柱：
　　　壬申為止。而己亥也就是日柱天干為甲或己，出生
　　　時辰為申時之人，必須從甲子時推到申時，為壬申
　　　的時柱。

## 乙庚丙作初 (乙庚起丙子)

　　　乙庚是指日柱天干為乙或庚之人，也就是日柱乙
　　　丑、乙卯、乙巳、乙未、乙酉、乙亥及庚子、庚
　　　寅、庚辰、庚午、庚申、庚戌的人，丙作初則代
　　　表就要從丙子開始順數到自己的出生時辰為止。

例如：日柱為庚申，出生時辰為午時之人就要從丙子開
　　　始順數→經丁丑→戊寅→己卯→庚辰→辛巳到
　　　壬午為自己的出生時辰為午時的時柱：壬午為
　　　止，而壬午也是日柱天干為乙或庚，出生時辰為
　　　午時之人的時柱。

### 丙辛從戊起（丙辛起戊子）

丙辛是指日柱天干為丙或辛之人，也就是日柱為丙子、丙寅、丙辰、丙午、丙申、丙戌及辛丑、辛卯、辛巳、辛未、辛酉、辛亥的人，從戊起則是指必須從戊子開始順數到自己的出生時辰為止。

### 丁壬是庚子（丁壬起庚子）

丁壬是指日柱天干為丁或壬之人，也就是日柱為丁丑、丁卯、丁巳、丁未、丁酉、丁亥及壬子、壬寅、壬辰、壬午、壬戌的人，是庚子則是代表必須從庚子開始數到自己的出生時辰為止。

### 戊癸從何起，壬子是真途（戊癸起壬子）

日柱天干為戊或癸的人，也就是日柱是戊子、戊寅、戊辰、戊午、戊申、戊戌及癸丑、癸卯、癸巳、癸未、癸酉、癸亥的人，皆需從壬子開始數到自己的出生時辰為止。

※如出生時辰為子，則不必再數，起點就是時柱，例如：日柱天干是戊或癸，時辰為子的人，時柱即是起點的壬子，不用再數。

　　如果覺得五鼠遁時歌的時柱換算方式，很難理解的
人，可以用萬年曆日柱起時柱排列的表格，對照自己用
古訣換算出的時柱是否正確。

　　算出時柱是排八字必修的基礎，所以不能偷懶，要
多多練習，才會熟悉算出時柱的口訣及方式。

## ※日柱起時柱排列表 (五鼠遁)

| 時辰 | 日　元<br>時　間 | 甲己<br>之日 | 乙庚<br>之日 | 丙辛<br>之日 | 丁壬<br>之日 | 戊癸<br>之日 |
|---|---|---|---|---|---|---|
| 子時 | 23:00 ～01:00 | 甲子 | 丙子 | 戊子 | 庚子 | 壬子 |
| 丑時 | 01:00 ～03:00 | 乙丑 | 丁丑 | 己丑 | 辛丑 | 癸丑 |
| 寅時 | 03:00 ～05:00 | 丙寅 | 戊寅 | 庚寅 | 壬寅 | 甲寅 |
| 卯時 | 05:00 ～07:00 | 丁卯 | 己卯 | 辛卯 | 癸卯 | 乙卯 |
| 辰時 | 07:00 ～09:00 | 戊辰 | 庚辰 | 壬辰 | 甲辰 | 丙辰 |
| 巳時 | 09:00 ～11:00 | 己巳 | 辛巳 | 癸巳 | 乙巳 | 丁巳 |
| 午時 | 11:00 ～13:00 | 庚午 | 壬午 | 甲午 | 丙午 | 戊午 |
| 未時 | 13:00 ～15:00 | 辛未 | 癸未 | 乙未 | 丁未 | 己未 |
| 申時 | 15:00 ～17:00 | 壬申 | 甲申 | 丙申 | 戊申 | 庚申 |
| 酉時 | 17:00 ～19:00 | 癸酉 | 乙酉 | 丁酉 | 己酉 | 辛酉 |
| 戌時 | 19:00 ～21:00 | 甲戌 | 丙戌 | 戊戌 | 庚戌 | 壬戌 |
| 亥時 | 21:00 ～23:00 | 乙亥 | 丁亥 | 己亥 | 辛亥 | 癸亥 |

**訣曰**：甲己還加甲，乙庚丙作初，丙辛從戊起，
　　　　丁壬庚子居，戊癸何方發，壬子是真途
**背法**：甲己起甲子，乙庚起丙子，丙辛起戊子，
　　　　丁壬起庚子，戊癸起壬子

## 第四節. 第五柱分柱排列法：

　　於「八字時空洩天機－雷、風兩集」當中於首編「本書特色應用原理」就有談到，分柱的應用與「鐵板神數」有異曲同功之妙，唯一不同之處，鐵板神數每一分鐘一命式，而第五柱分柱每十分鐘一命式之差距。

而此第五柱又要如何應用、切入使用？它藏了什麼玄機呢？於下列太乙時空卦象歌訣有藏玄機。

## 太乙時空卦象歌訣：

年看過去與廢事，月推事項定留存，日柱專論當事局
時上未來定高低，分斷現況定吉凶，十字神斷洩天機

　　作者在台南市救國團大學路本部研習中心，有開 10 個數字看一生，十全派姓名學、八字學、易經占卜、擇日學及陽宅的課程，其中「揭開八字神祕的面紗」課程中，簡章是「論八字卻不用任何的資料，就能了解對方目前的吉凶禍福、財妻子祿、以及過去、現在和未來，解開千古不解之謎與不傳之祕，突破同年、同月、同日、同時生之疑惑、讓你輕易「揭開八字神祕的面紗」，快速而精準。

　　以及在台南市生活美學館（前社教館）及附設生活美學長青大學有開「揭開八字時空的奧祕」此門課程也詳述了五柱十字的排列組合及論斷應用，快速又精準，讓你深入其中之祕，讚嘆不已。「八字時空洩天機－雷、風兩集」之著作，也針對此「八字時空卦象」，作有系統的詮釋。

　　**起分柱法與日柱起時柱**方法完全相同，唯一不同的是，時柱是由日的天干所起（查五鼠遁表）而分柱是由時柱天干所起，（在本人的著作：史上最便宜、最精準、最實用彩色精校萬年曆，由易林堂出版社出版，從第 14 頁起至 19 頁，共 6 頁，詳列了 12 個時辰的查對表，讀者可直接查對即可）其應用在於時空卦象解析，來客不用任何資料，就能精準斷出前因後果。

## 夜子時與早子時

　　子時是由下午十一點起算為新一天的開始，經午夜零時至隔日的凌晨一點止，外面有些老師將子時分成早子時與夜子時，也就是說午夜零時至凌晨一點為早子時，晚上十一點至午夜零點為夜子時；今天的早子時與昨天的夜子時是同一個時辰，今天的夜子時與明天的早子時是同一個時辰。

　　將今天的早子時至今日的夜子時定位是同一天，要到午夜零點為早子時才開始換日子。

> 本人論命一律在晚上十一時開始換日柱，不分早子時、晚子時。

## 三更半夜是幾點

　　一般人常常在講三更半暝，卻不知道三更是幾點，在古時沒有時鐘，打更為古代特有的計算單位，夜裡的報時以打更為準，分為「更和點」，從晚上七點開始到九點戌時為一更，晚上九點至十一點亥時為二更，三更是由晚上十一點至凌晨一點子時，凌晨一點至三點丑時為四更，五更近天亮由凌晨三點至五點寅時止。古人將「一更分為五點」一點轉為現在的分鐘為二十四分鐘。一般人常言「三更暝半」、「三更半夜」就是半夜十二時

十二分。因一點為二十四分鐘，半夜為三點為二十四乘以三為七十二分，一更為五點，「三更暝半」為三更七十二分等於凌晨十二時十二分鐘(半夜)。五更又叫「五夜」，甲夜、乙夜、丙夜、丁夜、戊夜，五更又叫「五鼓」即一鼓、二鼓、三鼓、四鼓、五鼓。

## 夏令時間

夏令時間是為了利用季節的日光,而在春季開始提前一個小時的作息方法。在歐盟國家和非歐盟國家中,此方法實行時期每年三月份的最後一個周日一點(格林尼治時間)開始,至十月份最後一個周日一點結束。

歐洲夏令時間夏天晝長夜短,早上四點天就很亮,到下午七點多太陽還沒下山,政府為使人們多利用白天之時間,實施了「夏令時間」,也稱為「日光節約時間」,將時鐘撥快一小時,一般人在排八字或論命在計算時辰時都會按當時的時間,退一小時,以符合實際的時辰。但本人者不以此方法論之,乃所有的政令都是天給予的能量,要符合當時的政令,那就是天意,您又把它調回來,那您不就比天、比政府還大了,所以不可違背天的旨意。 我國夏令時間的起止,如下表:也可參考易林堂出版「史上最便宜、最精準、最實用精校彩色萬年曆」,於第十、十一頁有詳細夏令時間的時期。

## 我國使用「夏令時間」曆年起止表—(農曆)

| 年號名稱 | 民國34年 | 民國35年 | 民國36年 | 民國37年 | 民國38年 | 民國39年 | 民國40年 | 民國41年 | 民國42年 | 民國43年 | 民國44年 |
|---|---|---|---|---|---|---|---|---|---|---|---|
| 名稱 | 夏令時間 | 夏令時間 | 夏令時間 | 夏令時間 | 夏令時間 | 夏令時間 | 夏令時間 | 日光節約時間 | 日光節約時間 | 日光節約時間 | 日光節約時間 |
| 起止時間(農曆) | 8月25日至3月20日 | 9月6日至4月1日 | 8月16日至3月11日 | 8月28日至3月23日 | 8月9日至4月4日 | 8月19日至3月15日 | 8月30日至3月26日 | 9月13日至2月6日 | 9月24日至2月18日 | 10月5日至2月28日 | 8月15日至3月9日 |

| 民國45年 | 民國46年 | 民國47年 | 民國48年 | 民國49年 | 民國50年 | 民國51年至62年 | 民國63年 | 民國64年 | 民國65年日至67年 | 民國68年 | 民國69年 |
|---|---|---|---|---|---|---|---|---|---|---|---|
| 日光節約時間 | 夏令時間 | 夏令時間 | 夏令時間 | 夏令時間 | 夏令時間 | | 日光節約時間 | 日光節約時間 | | 日光節約時間 | |
| 8月26日至2月21日 | 8月7日至3月2日 | 3月18日至2月13日 | 3月28日至3月24日 | 8月10日至5月8日 | 8月21日至4月18日 | 停止夏令時間 | 8月15日至3月9日 | 8月25日至2月20日 | 停止夏令時間 | 8月10日至6月8日 | 停止夏令時間 |

# 第四篇.
# 天干及地支的刑沖會合害分析

## 第一節. 十天干化合的變化

　　凡干數與干數間數相差為五者稱之相合，又稱天干五合、又稱鴛鴦合、陰陽合、夫妻之合，主異性緣佳。合為感情之情愫，合愈多者業障、牽絆、付出會愈多，往往會缺乏主見，易隨波逐流，合也為質氣的一種變化，也是代表失去立場、改變主見，無法持續。無論生於任何時間、月份、組合，只要同時出現，就會產生其相互的變化。

◎甲(陽木)　己(陰土)　合化土（１　６合）

　　書云：中正之合

◎乙(陰木)　庚(陽金)　合化金（２　７合）

　　書云：仁義之合

◎丙(陽火)　辛(陰金)　合化水（３　８合）

　　書云：威制之合

◎丁(陰火)　壬(陽水)　合化木（４　９合）

　　書云：淫暱之合

◎戊(陽土)　癸(陰水)　合化火（５　０合）

　　書云：無情之合

# 甲 (陽木) 己 (陰土) 合化土 （１６合）

```
        丙    丁
    甲              庚
    乙    戊己      辛
        癸    壬
```

**甲己合土：**甲木合己土，己土為鬆軟之土地，甲木無
法根基穩固，男懼內，易外遇。

## 甲己合化土＝中正之合

1. 好商量，中規中矩，一板一眼，不懂生活情趣，不
   解風情，沒情調。

2. 會為目地改變情性，也是個好好先生，為人正派，
   不會說好聽的話。

3. 甲己合為土，土代表誠信，為人講信用，重承諾，
   較固執，人緣很好。

   出生日主甲木見局中己土，容易為了感情而失去原本
   的情性。求財、求利，較會站在對方的角度來思考，
   是位君子愛財取之有道之人。

男命日主甲見己土正財星為甲己合，婚後容易在外面遇到知心異性朋友。

甲見己為借地而居，感情之事較不專一，宜小心防範。

**若以己當為出生日，那麼遇上月或時為甲木時，此合所產生的變化為何？**

| 時柱 | 日主 | 月柱 |
|------|------|------|
| 甲 | 己 | 甲 |
| 正官 |  | 正官 |

己遇甲為事業正官，己合甲親力親為；己為平原土，甲是事業正官星，所有指標性的東西都可代表甲木。

己遇甲有新目標、成就自我，代表事業是我可以掌控的，而且是指標性人物，與地方名人有良好的互動關係，可讓自身己土產生被利用的價值，但於事業工作的角度來說：甲根基不穩定，宜保守不宜擴大，因甲在己土上為借地而居，乃己土為田園土之故；若月為甲午，表已經開花有收成，但不宜擴大，宜上班就職，可遇到好的上司，受到充份的授權，成為優秀的主管；若時為甲子時，甲正官為寒冬之樹，不再成長，地支子為財星，

老了想玩，和子女去玩，一邊玩，一邊工作賺錢，事業形態為用頭腦乃水為智慧；若有庚金傷官進來，甲正官會受傷，代表事業挫折考驗，庚為傷官，代表想法也為舞台，把甲的事業弊端除去、改革，最後還是會成功。

　　若時柱為甲戌，我會堅持我的觀念，庚金傷官一來，為外在對我的考驗，庚為風，為品物流行，我的事業會被淘汰，受傷後才來改革，也代表甲木的事業已穩固，但較沒產值，乃甲木到戌為極點。

　　我的八字有庚，流年庚來引動，是我自己要改變事業；若我的八字沒庚，流年庚一進來，我是被迫改革、改變，此稱應驗引動的契機點，於八字學上是相當重要的。

## 若以甲為出生日，那麼遇上月或時為己土時，此合所產生的變化為何？

　　以出生日為甲木，甲遇己正財為借地而居，以此切入，我為父母的事業，代表我可成為專業經理人，因甲遇己正財是借地而居，所以事業不是我的，但於事業的運作，我甲木是相當投入的。

# 乙 (陰木)　庚 (陽金) 合化金　（２７合)

**乙庚合金：**庚為風為資訊、傳播之氣，能讓乙開花結
　　　　　果，乃乙庚合化為金代表果實。

## 乙庚合化金＝仁義之合

1. 乙木遇庚重義氣，重實際，眼見為憑。

2. 庚金見乙木，重財利、重感情。

3. 個性剛強，果斷，亦不懂生活情趣。

4. 人人好，不會去得罪別人，看到不高興也會忍下
　來，不會說好聽的話，沒情調。

　　　乙庚合為傳播之氣，可結成果實。但庚金贏於甲
兄，輸於乙妹。

　　　若以庚為出生日，那麼遇上月或時為乙木時，此
合所產生的變化為何？

```
正  日  正
財  柱  財
乙  庚  乙
酉
```

　　以出生日為庚金時，庚遇乙木財星優柔寡斷，因庚遇乙木財星為傳播之氣，讓乙木結成果實；時柱乙酉，庚金的努力能讓乙木財星結為果實，因庚到辛（酉）我們稱為化進神，表示他可以靠企圖心、執行力，很快的結成果實，這種人做生意很快，有速成之功，也願意與人分享。

　　乙庚合地支在秋冬才有辦法結成果實，假若為乙巳，地支為春夏之氣一直傳播，較勞祿，工作、思想、觀念一直在計劃，較不易定下來；月柱乙木被合金，會受長上重視。

　　乙庚合可以掌控財星，財又生官。

　　女命會為了感情而改變自己，但結了婚之後，卻有奪夫權之象。

　　乙木為財星在父母宮，錢會給父母，也因而得到父母的財，但遇感情的事較優柔寡斷。

　　時柱乙酉時，表示有作為，乃酉時為羊刃，我說的話別人會聽，較不會優柔寡斷。

若將乙當為出生日，那麼，遇上月或時為庚金時，此乙庚合所產生的變化如何？

正　日　正
官　柱　官
庚　乙　庚
辰

乙庚合為傳播之氣，長上對我期許很大，希望我得到甜美的果實，也代表庚金的正官主動而來、事業主動而來，若為女命，為夫唱婦隨之人。

若月柱為庚子月，此正官庚氣反而會傷乙木，乃乙木遇子月為寒冬之氣，乙木結成果實之後會陣亡或結不成果實，於女命六親的對待，老公較安逸，懂得犒賞自己，而讓自己忙祿不安；若為庚戌，丙火見戌為太陽下山，庚金做事易師出無明，易違悖常理，常為達目地而不計過程，也代表老公花錢大方，較不會考慮。

時柱庚辰，我的工作讓我快速有成果得財，因庚辰為春天傳播之氣，可成就刀筆功名，文才並茂，近官利貴之象，也代表我一直在創新、開創、閒不下來，經濟狀況也是一直在成長的。

# 丙(陽火) 辛(陰金)合化水 (３８合)

```
┌─────┬─────┬─────┬─────┐
│     │  丙 │  丁 │     │
├─────┼─────┴─────┼─────┤
│  甲 │           │  庚 │
├─────┤   戊己    ├─────┤
│  乙 │           │  辛 │
├─────┼─────┬─────┼─────┤
│     │  癸 │  壬 │     │
└─────┴─────┴─────┴─────┘
```

**丙辛合水：**雲霧要有太陽、能量才會產生降雨之象。

**丙辛合化水＝威制之合**

1. 丙火因辛正財而被迷惑，為愛情放下身段。

2. 表桃花，人緣好，能因老婆而得到事業，因第三者而損名聲、地位，愛管人。

3. 重情趣，重視心靈感受，喜掌權。

4. 氣質好，很聰明，喜歡年輕的異性，小心為情所困。

5. 丙可代表眼睛，辛為雲霧、陰靈，雲霧讓丙眼睛受傷，也易流眼淚。

6. 能為錢財改變做法。也代表為了達成目標，放棄自己的堅持。

若將辛當為出生日，那麼遇上月柱或時柱為丙火時，此辛丙合所產生的變化如何？

```
時  日  月
丙  辛  丙
正      正
官      官
```

以出生日為辛金時，此辛丙合為獻美人計；我為辛，我吸引正官丙火，使得丙火正官無法招架，丙火為辛失去權貴、名望，辛金因丙正官得到事業、職位，故辛遇丙的女孩子都很有魅力，月柱正官丙為長輩或上司，會受長輩上司的欣賞，易有辦公室戀情；時柱丙也是易有辦公室戀情，只是落在時柱，對象為晚輩或下屬，用宮位分年紀；時柱為丙申，是一個很有魄力的人，也代表作事親力親為，女命易遇到有婦之夫，宜小心防範，但也代表事業有合夥之象。

**所以相同八字的組合，是吉或是禍?端看自己的作為而決定，八字不變但人心已變，當然吉凶、禍福即變。**

# 丁(陰火)　壬(陽水) 合化木 （ 4 9合）

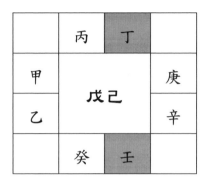

**丁壬合木：**有水有溫度的地方會滋長植物。

**丁壬合化木＝淫暱之合也為權貴的組合。**

1. 重感覺、品味，風情萬種，相當有魅力，有造物之功，心地善良。
2. 講究穿著，重格調，非常有異性緣。
3. 重情調，懂得生活情趣，在意互動的感覺。
4. 重視覺、重外表，喜羅曼蒂克。
5. 重性愛的滿足、情慾宣洩，也喜歡掌握權貴。

　丁是太陽的餘溫，為晚上情性，壬是大海水、為鹹水、為黑暗之水、為流動的水。

丁壬合遇春夏可化為木，此格局較高。丁壬合遇秋冬無法育木，此格局較小。但不管組合如何?流年、流月、流日到一樣會化。

　　若將丁當為出生日，那麼遇上月或時為壬寅時，此丁壬合會產生什麼樣的組合變化？

```
時　日　月
壬　丁　壬
寅
正　　　正
官　　　官
```

以出生日為丁火，丁壬合到正官，權貴自來：壬正官會牽絆丁，丁無法展現能力；丁的透視能力將減弱，但丁壬合成之木為丁火的印星，正官壬水進來變成我的學習，官印相生之氣也因為長上的提攜，而造就權貴。

　　時柱壬寅：子女會牽絆我的發展，也因有了女兒，而造就權貴之象，此合亦可轉為我的學習、研究的動力，乃丁壬合木對於研究學術有事半功倍之效，而且正官事業是主動而來，當然權貴也是主動而來，是一組不錯的組合。

　　若將壬水當為出生日，那麼遇上月或時為丁未時，此丁壬合會產生什麼樣的組合變化？

```
時　日　月
丁　壬　丁
　　　　未
```

　　以壬為出生日時，壬會絆丁，但兩者的組合反而可以育木，化木為食傷，食傷代表能力的表現及舞台，表示我可以用我的智慧、學術來生財，若月柱為丁亥，者秋冬財星丁火則會被絆住而受傷，會損財，月丁亥為長輩損財，時丁未為夏天之氣，因為有了子女而能快速得到事業與權利。

　　日主為壬，丁壬合成木為食傷，若遇秋冬之氣，易沈溺於情慾宣洩，較難突破，必須見火，才有作為。

　　丁壬合，四柱沒見到木是沒辦法展現才華的，要遇到流年木食傷進來，即能一舉成名天下知。

◎丁壬合化木，原局木在那裏，成就就在那裏。

例如：日柱壬，時柱丁，年柱出現木，那年柱為思想功能，必能靠研究、智慧或身世背景創造出財富。

# 戊 (陽土)　癸 (陰水) 合化火 （５０合）

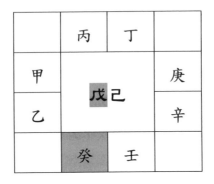

戊癸合火：土和水是原本為地球形成的基本物質，戊、
癸合代表地球的一種原貌，戊為高山與地球
原始的水源癸，於地底下會產生溫度、能
量、磁場，但戊癸合時，八字局中不見火，
此癸水是無法讓戊土所掌控、享有的。

**戊癸合化火＝無情之合，乃難以捉摸。**

1. 重情趣，不喜歡被約束，喜成熟異性。
2. 容易翻臉，易生氣，氣過就算了，無隔夜仇。
3. 喜歡外宿、旅遊，與神佛有緣，喜歡神祕學。
4. 不喜歡被約束，工作喜歡自由自在。

　　若將戊當為出生日，那麼遇上月癸或時為癸丑柱或癸亥時，此戊癸合會產生何種的變化？

時　日　月
癸　戊　癸
丑

　　以戊為出生日，月柱癸正財，高山與雨露之對應，戊會為家裡人花錢，乃高山無法聚財；若戊為乾土，反會吸水，反從父母處得到財，如出生日為戊辰、戊午日者吸財；若為溼土，則水往外流，為父母、兄弟花錢，此得或失，完全在陰陽之差別，不可不知。

　　時柱戊癸合財，易花錢犒賞自己，也易為子女或老公花錢，尤其是戊申日的癸亥時。

　　時柱癸丑，反而節儉，乃癸丑有子丑暗合之象，財只進不出。

　　時柱癸亥，財來財去，除非日柱為戊午，稱之天地鴛鴦合，錢財不求自來，是一組好的日柱與時柱的組合。

　　時柱癸亥，日柱戊申，結婚後為老公、子女付出損財，乃申亥產生六害，產生嚴重土石流，是無法掌控的，宜增加學習的動力，即能產生火，掌握到金錢。

　　若將癸當為出生日，那麼遇上月戊或時為戊午時，此戊癸合會產生何種的變化？

時　日　月
戊　癸　戊
午

　　以出生日為癸水，癸水遇月柱戊土正官時，代表我不想被事業工作約束，工作喜歡自由自在，月柱代表原生家庭，所以此象有離家出走的象，乃癸從天而降，從天而降的水遇到高山會快速流失， 如果月柱地支沒有午，癸水很快會沿山流掉；以月柱戊土來論 ，癸是財星，代表父母親的錢財守不住。

　　時柱戊午，戊土之下有財星生戊土，表示我會全心投入在我的事業工作和子女身上，打拚很認真，戊為工作，午為我財，我會全力投入工作，賺取財物，也代表勞祿、辛苦，但可得到想追求的事業、財利；戊癸合遇地支午，表示戊癸合化成功，不論癸與午中丁之癸丁交戰，論財官兩得，當然如果癸水自己能力不足，反而是因工作、金錢壓力重重。

## 第二節. 地支六合

地支六合：

### 太陽照射的兩個共同的時間點及角度

不管三合、六合，合為牽絆、業障、綿密的一種組合。

子丑合 化土 ＝ 結冰、凍結、保守之象，也代表離
　　　　　　　土星最近的時候。

寅亥合 化木 ＝ 屯住、不果、水困木之象，也代表離
　　　　　　　木星最近的時候。

卯戌合 化火 ＝ 木在土上穩定成長，小樹終成大樹，
　　　　　　　也代表離火星最近的時候。


辰酉合 化金 ＝ 回收水資源、重新使用之象，也代表
　　　　　　　離金星最近的時候。

巳申合 化水 ＝ 時機未成熟，也為事必親躬之象，代
　　　　　　　表離水星最近的時候。

午未合 化火 ＝ 日月之合、責任、賦予任務之象，也
　　　　　　　代表離太陽與月亮最近的時候。

## 子丑合 化土

| | | | |
|---|---|---|---|
| 巳 | 午 | 未 | 申 |
| 辰 | 六合 | | 酉 |
| 卯 | | | 戌 |
| 寅 | 丑 | 子 | 亥 |

　　**子丑合 化土**＝子水與丑土結冰，水無法流動有凍結之象，所屬的宮位會有凍結的情形。如水代表財星，那子丑合財星被凍結，資金運轉出現問題，也代表貨物無法流通之象。

　　此如同水山蹇，卦序：「乘必有難，故受之以蹇。蹇者，難也。」為困難、障礙、阻力，高山流水無法貨暢其流，跛行、凍結。也如同山水蒙卦之象，卦序：「物生必蒙，故受之以蒙。」子為智慧、語言，丑為凍結之象；如是小朋友可代表著智慧較晚開啟，語言能力發展較慢，於居家環境水不流通之象。

　　子丑合為土，也代表合為土星、為地球之象，萬物必須在大地上成長，享受水資源的能量。
**子丑合，含有大量的水資源。**

## 寅亥合 化木

| 巳 | 午 | 未 | 申 |
|---|---|---|---|
| 辰 | 六合 | | 酉 |
| 卯 | | | 戌 |
| 寅 | 丑 | 子 | 亥 |

**寅亥合 化木**＝寒冬之水困木，此如同水雷屯卦，有屯住之象，卦序：「有天地然後萬物生焉，盈天地之間者唯萬物，故受之以屯。屯者，盈也，屯者；物之始生也。」此合沒有遇到丙、丁火者，其事業、感情容易屯住，無法益木，也代表亥水給予過多的愛，沒辦法讓寅木自力更生。

寅亥合於感情上也容易有淫暱之合，如在工作職場上容易產生辦公室戀情之象，也代表只想談戀愛，而不想結婚，於事業產品易有滯銷，無法貨暢其流，為屯積之象，於身體易有筋骨酸痛、萎縮之情形。

**此代表合為木星，如同春天之情性。**

## 卯戌合 化火

| 巳 | 午 | 未 | 申 |
|---|---|---|---|
| 辰 | 六合 | | 酉 |
| 卯 | | | 戌 |
| 寅 | 丑 | 子 | 亥 |

卯戌合 化火＝木在土上穩定成長。卯為春天的草木，戌為高山之土，卯戌合，代表小花草依附在高山上成長，慢慢長成大樹，有如風山漸卦，卦序：「物不可中止，故受之以漸。漸者，進也。」已決定之事，無法再改變，有緩慢、確定、漸漸進展之意。

卯戌合於夫妻之對待，若戌代表女命，者較不喜歡婚姻之約束，卯為男命，較尊重老婆的意見，所以卯戌合為火，也有禮儀之義意。卯為兔，狡兔有三窟之象，由小樹長成大樹，無法再復原。

**此合為火星，如同夏天之情性。**

## 辰酉合 化金

| | | | |
|---|---|---|---|
| 巳 | 午 | 未 | 申 |
| 辰 | | | 酉 |
| 卯 | 六合 | | 戌 |
| 寅 | 丑 | 子 | 亥 |

**辰酉合 化金**＝辰為高山所聚集而成的水庫，酉為兌、為澤，此象有山澤損之象，卦序：「緩必有失，故受之以損；損而不已必益」。損的是損掉酉澤化，為水循環，也為澤山咸卦之象，卦序：「有天地然後有萬物，有萬物然後有男女，有男女然後有夫婦，有夫婦然後有父子，有父子然後有君臣，有君臣然後有上下，有上下然後禮義。男女之道，不能无感也，故受之以咸。咸者，感也。」咸卦代表山與雲霧，氣、質交感，所產生的水循環。

辰為先天的兌卦，酉為後天的兌卦，此都為低陷的水庫與沼澤，會回收水資源，代表資源回收，會用以往的經驗、知識做為參考、重新規劃後再出發。

辰酉合在四柱宮位中，在哪宮位，也代表該宮位的機會比其它宮位還多。**此合為金星之位，如同秋天之情性。**

## 巳申合 化水

| | | | |
|---|---|---|---|
| 巳 | 午 | 未 | 申 |
| 辰 | 六合 | | 酉 |
| 卯 | | | 戌 |
| 寅 | 丑 | 子 | 亥 |

　　**巳申合　化水**＝巳為太陽火驅動庚金，為「火天大有」之象，卦序：「與人同者，物必歸焉，故受之以大有。」也為澤火革卦之象，卦序：「井道不可不革，故受之以革。」

　　巳為太陽，申為風為強烈的氣流，此巳申合會形成氣流挾帶水氣，而形成巳申合化水。申為未成熟的果實，巳來合申，如同偷嚐禁果之象，強摘的果實、時機未成熟、易衝動，做任何事情之前欠思考、未經過了解就要去執行，當然也可代表魄力的展現「火天大有」。
　　**此合為水星之位，如同冬天之情性。**

## 午未合 化火

| 巳 | 午 | 未 | 申 |
|---|---|---|---|
| 辰 | | | 酉 |
| 卯 | | 六合 | 戌 |
| 寅 | 丑 | 子 | 亥 |

**午未合 化火**＝午火溫度能量賦予未土廣大平原，有前進、進展之象，如同「火地晉」，卦序：「物不可以終壯，故受之以晉。晉者，進也。」

午未合也為太陽照射大地而產生能量、溫度，地球也繞著太陽運行，故也為「火山旅」之象。 卦序：「窮大者必失其居，故受之以旅。」午為日正當中，未為月亮之情性，稱之日月之合，是能量的組合，會增加火的旺度、燥性，較容易心浮氣燥。

**此合為太陽與月亮離地球最近的時候。**

# 第三節. 地支三會

地支三會：三會局為三種相同五行彙集而成，彙集於一方之氣，三會代表四季方位，是力量的展現，也是力量的結合。

寅卯辰三會為木、司春為東方

寅一月.　　卯二月.　　辰三月

巳午未三會為火、司夏為南方

巳四月.　　午五月.　　未六月.

申酉戌三會為金、司秋為西方

申七月　.　　酉八月.　　戌九月

亥子丑三會為水、司冬為北方

亥十月. 子十一月. 丑十二月.

惟辰、戌、丑、未四支，於個別單位而言是屬於四季之土。

## 寅卯辰三會為東方木：

主宰：人際、財祿、功名、開創之氣。

| 巳 | 午 | 未 | 申 |
|---|---|---|---|
| 辰 | 三會 | | 酉 |
| 卯 | | | 戌 |
| 寅 | 丑 | 子 | 亥 |

　　寅卯辰三會為木，在春夏生會損寅，枝葉茂盛，樹幹長不大。

　　寅卯辰三會木，在秋冬生會損卯木，秋風掃落葉，只剩枝幹。

　　寅為陽木，時令為一月，此木代表樹幹，乃寅木經寒冬而來；其樹葉無法過冬，所以寅木是代表沒枝葉的樹幹，也代表樹幹最旺盛的時候。

　　卯木為陰木，時序為二月，此時為枝葉茂盛蓬勃而生之意。

　　辰為水庫，表象為陽土，其實乃陽體陰用之故，能裝其水；此三會為春天之木氣，為開創之氣，為東方木局。

　　**寅卯辰之三會為木**，在強調春天木的成長過程，從無到有，從企劃到執行，從播種到萌芽；此三會之人，為典型生意人之型態，為創業之始。

　　命局當中寅卯辰俱全之人，一生求財順遂、如意，隨手可得出外見財利，是一組佳會的組合，當然也要知其化進或化退之順逆，才能知得財數之多寡。

## 寅卯辰三會為木，為春天之氣。

　　如寅、卯、辰之人，對應寅、卯、辰地支之人，將會產生何種交互關係？

**寅－卯**：寅到卯為隔未，彼此為鄰、為伴，寅為體、卯為顯為用，寅木為樹幹，卯木為樹葉，得到良好的人際關係。

　　以寅虎之人對應卯兔之人，是讓卯木得到良好的助力，可讓卯兔之人扶搖直上，藤蘿繫甲，可說是寅木為卯木之貴人；而以卯木之人對應寅虎之人，其給予我得到良好的環境、助力、人脈，造就我名望於一村，突顯其才華。

卯－辰：木強調成長、擴展人脈，凡事有計劃。卯到辰
也是隔位，強調癸水長生在卯，春天春雨綿
綿，藉由水庫辰龍來收藏，所以古書歌訣中云；
「玉兔（癸水長生在卯）見龍（辰水庫）雲（辛
金長生在子）裡去」，代表彼此產生了水循環，
終究水入辰庫了。

　　以卯兔遇到辰龍之人，是將一生所學及一生所有的
資產無怨無悔的獻給辰龍；以辰龍遇到卯兔之人而言，
其給予我得到智慧的啟發及金錢、物值，可說是不勞而
獲。

寅－辰：寅到辰雖為隔二位，但卻是代表典型創業的生
意人，乃寅到辰也俱足了寅卯辰春天之氣，重
在於學習、開創、創業、設計、開發、創新之
氣。

　　以辰龍對寅虎之人，我給予其良好的環境、金錢、
人脈，造就名望之氣，但有時卻得不到寅木的讚賞，總
覺得我只是他的過路財神，曾經擁有的而無法天長地
久。

　　以寅虎之人對應辰龍之人，其給予我良好的環境，舞台、資源，讓我能名望於一村，但乃讓我感到不穩定感，可能無法永久成為終身之伴侶，其實這一切都是想太多了。

辰－辰：辰遇辰為本氣，俗稱之「自刑」，為季春交孟　　　夏之氣。

　　以辰龍遇辰龍之人，代表有良好的環境，但總覺得目前現況不滿意，常常有所怨言；有生在福中不之福之感嘆。

# 巳午未三會爲南方火：

**主宰著：地位、名望、權利、官貴、蘊釀之氣。**

| | | | |
|---|---|---|---|
| 巳 | 午 | 未 | 申 |
| 辰 | 三會 | | 酉 |
| 卯 | | | 戌 |
| 寅 | 丑 | 子 | 亥 |

巳火太陽升起高掛，形成氣流，陽氣最旺，全六陽，利見大人，時令為四月。

午火日正當中，時令為五月，午火能量普極大地，此時溫度一直在增加。

未為高溫之土，時令為六月，可讓木快速成長茁壯，稱之火來生木。此會代表夏天之火，為南方火局。

火為有形無質，此會在強調有形的體力、勞力付出，代表可用以往的經驗從事技術性、技巧性或積極性、勞力的工作，此三會火局也是一種動力、熱情、或付出愛心的特性。

　　命局當中巳午未俱全之人，一生求財在動乎於外，動之有財，乃火的財星為金，火為夏天、秋為金，夏到秋在隔壁宮位，稱動之有財，只要積極就能得財。

## 巳午未三會為火，為夏天之氣。

　　如以巳、午、未之人，對應巳、午、未之人，將會產生何種交互關係？

巳一午：巳到午為隔位，火化進神，火助火炎之氣，熱
　　　　情、活潑，亨通暢達，也易得名望之氣。

　　以巳蛇對應午馬之人，為我不求任何代價，給予午馬之人能量、人脈資源，讓午馬之人發光、發亮，得到無形資產的智慧。

　　以午馬之人對應巳蛇之人來說，總覺的巳蛇之人，搶了我的榮耀與光芒及地位，讓我無法成為眾人屬目的焦點。

午一未：午到未為羊刃之氣，午為太陽，散發能量、熱
　　　　能，讓未土可孕育大地花草樹木，得到被利用
　　　　的價值。

　　以午馬對未羊之人，我給予良好的環境、磁場，讓未羊成就其事業、人脈與家庭。

　　以未羊之人對午馬之人，其給予我溫馨的家與資源，如同生命中的夥伴，密不可分，而造就我事業的擴展。

巳一未：巳到未雖為隔二格，但卻是代表著萬物成長的動能，其特性為亨通暢達，努力熱情、主動好客、活潑、外向、喜歡付出、照顧別人。

　　以巳蛇對應未羊之人，我提供了良好的家、環境、場地、能量，其給予未羊成就家庭、事業。

　　以未羊之人對應巳蛇之人，其給予我良好的機會，讓我成就家庭、事業。

午一午：午馬遇午馬為本氣，俗稱「自刑」，為仲夏之氣。

　　以午馬遇午馬之人，有如兩者血氣方剛，處事衝動，總是缺乏思考，而各自為政，避免一觸即發，而傷了和氣。

# 申酉戌三會西方金

## 主宰者：權利、肅殺、成就、豐收、收斂之氣。

| | | | |
|---|---|---|---|
| 巳 | 午 | 未 | 申 |
| 辰 | | | 酉 |
| 卯 | 三會 | | 戌 |
| 寅 | 丑 | 子 | 亥 |

申為果實剛要結成花籽、為未成熟的果實，也代表七月，時令為颱風之季，搜刮、考驗著收成的結果。

酉金為成熟又甜美的果實，於正西方，佛家常云：「西方極樂世界」，酉地已看到果實，凡事不想再開創，喜歡享受現成的快樂。時令為八月。

戌為爛掉的果實或過熟的果實，此時落地的果實又會重新萌芽。

此三會金局在強調秋天豐收的過程，為秋收；此金局之人較重視有形的物質面、看得到的利益，只講究收成、結果，有時難勉會讓人覺得過於現實，縱使已看到收成，也要以守為重。

　　命局當中有申酉戌俱全之人，一生求財以感覺為主，重感受而不重質量，乃西方收成之地又要到對宮重新開創，會有一些挑戰性，所以求財以興趣、感覺、氣氛為主。

## 申酉戌三會爲金，爲秋收之季。

　　以申、酉、戌之人，對應申、酉、戌之人，將會產生何種的交互關係？

申－酉：申為未成熟的果實，也為俱有魄力的將軍以及颱風，酉為成熟的果實，為秋天收成之季，所以申到酉隔位，代表大自然的過程，順應天道，過程順利而結成秋收的果實，合宜有利，象徵萬物豐盛。

　　以申猴之人對應酉雞之人，申金颱風對應正在締結果實的酉雞，吹拂考驗，如同無情以對，粗蠻的行為對應了酉雞，但事實是申猴將酉雞去除多餘的競爭者，以及殘兵敗將，使酉雞更能脫穎而出，只是有時拿捏不當，而造成酉雞的壓力。

　　以酉雞之人對應申猴之人，其給予我無情的檢驗，讓我的人生充滿過程，不知是該讓我捨身取義？還是讓我賣友求榮？感嘆只能聽天由命罷了。

酉－戌：酉金為成熟秋收之果。戌為秋末之季秋，寒露之節氣，時序由涼轉寒。
　　　　酉到戌是一種豐盛收成的喜悅，而戌到酉卻是讓酉金果實功成身退，回歸於戌土大地當中，在六害歌訣中云：「金雞遇犬淚雙流」。

　　以酉雞之人對應戌狗之人，只能用結果論與戌狗之人分享收成的喜悅，此時無聲勝有聲，將喜悅掛在臉上，微笑以對。

　　以戌狗之人對應酉雞之人，戌狗付出滿滿的愛給予酉雞，但卻看不出酉雞的期待與喜悅，酉雞無法分享戌狗之榮耀，戌狗只能眼睜睜看著酉雞流淚而走，為歌訣中的：「金雞遇犬淚雙流」；終究戌狗之人，認定酉雞的一切，歸我戌狗所有。

戌－申：戌為高山之土，其象屬靜態，而申為颱風、將軍，其象屬於動態之氣。申到戌在強調申之魄力無法展現，而戌到申為靜變動，不同的組合造就不同的結果論。

　　以申猴之人對應戌狗之人，在多的主動熱情，戌狗總是無應以對，冷冰冰的感覺如同面對死木頭，讓申猴覺得自作多情，但其實戌狗之人一直對申猴之人在做細心的呵護。

　　以戌狗之人對應申猴之人，對於申猴的主動熱情，總覺得心智不夠成熟，反以母愛來關懷申猴，讓申猴氣的再也不想主動表達，只能無言以對，兩者成了密雲不雨，讓申猴的熱情已不再了。

酉－酉：酉金遇酉金為本氣，俗稱「自刑」。

　　此氣乃因過多而煩惱，好還想要更好，而形成自我矛盾、衝突，也因過剛則缺，有時也因不知節制而讓別人憤而離開，有時也因太重感情、不知進退，而自食其果。

# 亥子丑三會北方水
## 主宰著:守成、智慧、誠信永固、收藏之氣。

| 巳 | 午 | 未 | 申 |
|---|---|---|---|
| 辰 | 三會 | | 酉 |
| 卯 | | | 戌 |
| 寅 | 丑 | 子 | 亥 |

　　亥水為戌土高山所流下的水,奔騰之勢,其性主動、主陽,侵伐性、破壞性,時令為十月。

　　子水為亥水流動後靜止之水,以思考為主,其性屬陰,時令為十一月。

　　丑為陰土,藏干為己土,但為陰體陽用之寒冰雪地,與辰土陽體陰用互為表裡,時令為十二月。

　　此三會水在強調冬天及北方之情性,亥、子代表流動的水,其居住之地大多為斜坡之地,或前有低窪之地、易聚水;水也代表智慧,流動水的特性是代表可利用其智慧來生財,如研究學術、專利、

或授課，以口為業而獲得財物。冬天之水本無法育木，反而是水滅木，宜默默學習耕耘、研究，以智慧取得財物，只宜冬藏守成、不宜投機、投資。

命局當中亥子丑俱全之人，一生求財在於遇見大人(丙火)，古時云：十年寒窗苦讀無人知，一舉成名天下知。此乃水命以火為財星，亥子丑黑暗之地，陽光不臨，一生求財比其他五行更為辛苦，要以智慧或口才為業較能得財，若以才華、學術、技藝著較一般的五行辛苦，必須有昭一日被丙火(知名之物)發現其能力，才能功成名就而得財。

## 亥子丑三會為水，為冬天之氣

以亥、子、丑之人，對應亥、子、丑之人，將會產生何種的交互關係？

亥－子：亥為奔騰的大海水，子為靜止之水，兩者互為來源之源，也互為來源之氣。當亥為流動之水，淵遠流長到了子地成靜止之態，回到老家，但也透過太陽丙火的照射，讓水循環到了空中，傾洩而下，成了雨水癸(子)，而落入河溝，志同道合，一致的方向往大海淵遠流長回到老家。

以亥豬之人遇到子鼠之人，兩者隔一位，為同氣，身陷黑暗、黑夜之地，無法見到陽光，而常蒙受損財之厄。也因求財兩者短暫之分開，到了晚上，又回到了屬於自己愛的小窩之中。

子一丑：丑為寒冬雪地，氣凍天寒，子為冰冷之水，兩者在一起，氣不通、水不流而結成冰凍之地。

以子鼠之人遇到丑牛之人，是心甘情願為它而貞，為事業為家庭而夫唱婦隨。

以丑牛之人遇到子鼠之人，因得到了子鼠的加入，而得到金錢、利益，但總是捨不得再作付出，視子鼠之人理所當然為我所用，而讓子鼠無言以對。

丑一亥：亥為一望無際的大海，丑為凍結的冰山雪地，亥水有主動忘情的侵伐性，丑土卻能讓亥水得以約束、思考後再出發，也能讓亥水得到好的歸依，以及自我約束。

　　丑土冰山於冬天會對亥水有所需求、消費與運用，此時亥水也會對丑土心甘情願的付出；於春夏之季，亥水會因追求舞台與金錢、利祿，而各自為政。

　　以丑牛之人遇到亥豬之人，其讓我得到靈活的思考邏輯，而得到了金錢與物質，但卻也因此讓丑牛總覺得財來財去。

　　以亥豬之人遇到丑牛之人，其給予我凡事停、看、聽，不會一意孤行，野蠻無法剋制，讓亥豬願意為丑牛思考後再出發。

亥－亥：亥豬與屬豬同氣同位，俗稱「亥亥自刑」。

　　　　此因居黑暗之地，又構成水多氾濫之象，常常報憂不報喜，自暴自棄，不知何去何從，憂鬱成疾。建議多多與午馬之人互動，思考會變成正面，也會有意想不到的豐收與喜悅。

> 十天干與十二地支是研究命理、五術、八字的基本功，是基礎也是磐石，只要好好研讀其互動組合，將會發現人生的一切，盡在這交互作用當中。

# 第四節. 地支三合

**地支三合：** 為能力不足，必須透過責任分工，才能
完成任務，為三種不同五行的結合。

**亥卯未（熱鬧之地）**
合成木局 → 長生於亥.帝旺於卯.入庫於未
**寅午戌（偏僻之地）**
合成火局 → 長生於寅.帝旺於午.入庫於戌
**巳酉丑（未開發之地）**
合成金局 → 長生於巳.帝旺於酉.入庫於丑
**申子辰（春天之地）**
合成水局 → 長生於申.帝旺於子.入庫於辰

## 地支三合（差四為三合）：

　　三合是聚集三種不同的五行，相差各為 120 度，
也代表來至不同環境，其結合為春季、夏季、秋季、冬
季，各個陽天干的長生、帝旺及庫位，以帝旺位代表合
後的五行，四季當中無進入三合的那一季，就是代表與
三合不同道，稱「煞之方位」，也代表局外之人。

　　所有的合都是代表牽絆、業障、糾纏，三合者必損其一，猶如三人合夥，終究會一人不利而受傷，也代表能力的不足，如同合夥關係，一人提供場地（庫位，稱之墓庫地），一人提供勞力或技術（長生位，稱之驛馬地），另一人提供金錢或智慧（帝旺位，稱之四正位的桃花地），聚集合作而成三合之象。

# 亥卯未（熱鬧之地）

　　合成木局　→　長生於亥.帝旺於卯.入庫於未

春天的五行屬木，為一年之開始，一日之計在於晨，也是其木的意涵，甲木長生於亥水之地。

　　如果以木為用時，或見此三合者，代表開創、突破、創業，也是生意人之心態。

| 巳 | 午 | 未 | 申 |
|---|---|---|---|
| 辰 | 三合 | | 酉 |
| 卯 | | | 戌 |
| 寅 | 丑 | 子 | 亥 |

# 亥卯未三合：

亥水侵伐卯木、未土，亥水為鹹水，不能益木，同時會破壞土質，故秋冬之際，卯木、未土受損。

春夏之氣，有助卯木在未土上成長亮麗，故春夏之時，亥水受損。

**引申：** 亥卯的組合，亥讓卯木受傷，若亥為女命，則可取象女命依賴心過重，讓卯木的事業身體受到阻礙。若亥為男命，則男命過度關心，讓老婆的行動自由受控。

◎亥未的組合，未土的事業為乙木，亥水侵伐乙木，表示事業受困。

◎卯未的組合，是好的組合，因為卯木在未土可以快速成長茁壯。

**亥：** 為流動、寒冷、黑暗、主動、侵伐性的水，為海水，此水具有破壞性，易傷乙、卯、己、未、丙、巳、丁、午之干支，也為十二長生的絕位。

**卯：** 仲春之季，枝葉茂盛的花草、樹木，為小花草、藤蔓，其根入土淺，也代表樹葉，代表著甲、乙木的根，也為十二長生的沐浴位。

**未：** 為夏季之土，為西南之土，易理云：「東北喪朋，西南得朋。」代表此西南之土，為利於花草樹木快速成長的土壤，八字中遇未土因機會多，易有短暫迷失之象，為十二長生的衰位。

　　八字局中於春夏見亥卯未三合時，亥水之情性會受到蒸發、受損而不見；於秋冬見此三合者，亥水寒氣之水會讓卯、未之情性會受損，這是此三合較特別的地方，不得不注意。

　　如以木日主來說，那麼亥水為原局的印，代表因住錯了房子，而損了我的身體（卯）及財星（未）或老婆（未）身體不好。

　　如以此三合木為主體時，當對到此地支時，也就是亥、卯、未之人對應到亥、卯、未地支之人，將會產生何種的交互關係？

亥－卯：亥水會來侵伐乙木（卯）而使卯木受傷，如亥水為比劫，代表容易因朋友或兄弟姊妹的關係讓我損財，才華無法自由自在的發揮。地支有未土、卯木要注意周遭的人、事、物。如果本身是亥水之人，周遭的人如有未土、卯木之人也要留意，亥水之人不要太過於強勢，因為無形中會傷害到他人，也會影響到磁場。

　　亥水之人於春夏對卯木之付出，是心甘情願犧牲來成就卯木的成長，但也因過多的愛來傷了卯木；反之，卯木之人對亥水之人，會因需要而有所求，也甘願接受亥水獻殷情。卯木若為財星，女命易因子女花錢，男命易因好表現而損了財。

**卯－未：**此是一組良好的組合，卯木得到良好的溫度、
　　　　環境（未土）可快速成長茁壯。

　　以卯木對未土之人，未土給予我得到良好的環境、家、金錢、物質、能量、磁場，造就我安家、立業之地而無後顧之憂。

　　以未土對卯木之人而言，未土提供良好的環境、機會、金錢、物質，讓卯木有發揮的舞台，也成就未土的事業、官貴、名氣。

未─亥：亥水為冬天之情性，其性會主動來侵伐高溫的
　　　　未土，使未土受傷，土不能用時，要注意有腎
　　　　臟病之患。如身體上有受傷較容易發炎，受傷
　　　　之處也較容易長膿皰。

　　亥、卯、未三合時，亥水會產生一種破壞性、侵伐
性而傷了卯木與未土。

例：　　　時　日
　　　　　柱　柱
　　　　　丁　乙
　　　　　亥　卯

　　此例地支卯木受時支亥水之侵伐卯木受傷，筋骨常
受傷，亥水無過濾，長年有腎臟之疾，卯木為妻宮，
時柱亥水讓卯木不高興，本人有性障礙。

# 寅午戌（偏僻之地）

## 合成火局　→　長生於寅. 帝旺於午. 入庫於戌

| | | | |
|---|---|---|---|
| 巳 | 午 | 未 | 申 |
| 辰 | | | 酉 |
| 卯 | 三合 | | 戌 |
| 寅 | 丑 | 子 | 亥 |

**寅午戌三合**：太陽午火遇木，留下溫度，讓木
　　　　　（寅）在高山（戌）成長，而太陽（午）
　　　　　下山了。

**引申**：三合局見火，火必是損掉的那一個。

◎此三合火局的力量，會犧牲某一個能量（火），來
　成就另一方（木）。

◎午戌的組合，午犧牲但戌感受不到，因為戌覺得
　午（溫度過高）太嘮叨了。

◎午與寅的組合，午無怨無悔的付出，造就寅木快
　速成長茁壯，寅木長大，午火功成身退。

寅：寅時為早晨三點至五點，為春天之氣形成，剛經歷過嚴冬丑土而成的木；見此寅木之人， 其一生必會經過死裡逃生之事件，與格局高低沒關係。

寅為孟春，為播種、耕耘、一切計畫的開始，一年之計在於春，也為十二長生的長生之位。

午：中午十一點至下午一點，艷陽高照、日正當中，為太陽所留下的高溫，此高溫利於花草快速成長，也為十二長生的帝旺位。

戌：天羅之意，是在抓其太陽的地支，丙火見戌土，太陽在此盡失光明，庚金見戌，易不見其魄力，所以丙、庚同遯於戌土之中。為十二長生的墓庫位。

戌也為季秋，秋之時酉金果實豐收，但到戌為熟過的果實，如不採收，將有毀折之意，酉到戌為滿山果實喜悅之象。

寅午戌三合成火局，見此三合者，於人事物之過程必會經過奔波勞碌，付出體力、勞力後而得到的成果；以火為用的人，如同在太陽底下工作的體力付出者，其火能使草木快速成長，而在隔壁宮即為果實成熟，所以亦有投機取巧的心態，但畢竟寅木無法有速成之功，若落點不見戌者，常常到最後是一場空，乃戌為寅木之根基磐石。。

　　如此寅、午、戌之人，對應到寅、午、戌地支之人，將會產生何種的交互關係？

寅－午：寅木是經丑土嚴冬而來，其性最喜歡午火之能量磁場，也就是說午火的能量、溫度、熱能與熱情，能讓寅木得到助力而成長茁壯。

　　午火之人是寅木之貴人，也就是說寅木之人只要常接近午馬，寅虎將得到良好的助力，也代表寅木之人只要幫助別人或親近部屬，將使寅木得到好的能量。

　　而午馬之人對於寅木之付出者是心甘情願，視為理所當然，因寅木為午火之印，為長上，寅虎之人得到成就之後，午火將功成身退，日落地平線而損之，如同子女照顧父母是天地之情，不能要求任何的回報 。

午－戌：午火可視為太陽高照，時序為五月，為澤天夬卦，午為中午 11 時至 13 時；見到了戌，午火將被戌給收藏，也就是說太陽到了戌時，已日落西山，俗稱天狗食日。

　　午馬之人面對戌是將其能量賦予給戌狗之人，乃午為戌之印，讓戌狗之人得到無為的生助，得其能量蘊育木之成長茁壯；對戌狗之人而言，得到印星之生，此能量是多多益善，永遠都覺得不夠。

　　午馬面對戌狗之人，如同父母照顧子女是無怨無悔，但也如同熱臉去貼戌狗冷屁股，但只要您無怨無悔的付出，無形中可成就第三人（木）的成長，如同父母親辛苦的耕耘，是為了成就第三人也就是子女的成長。

戌－寅：戌為高山之土，其性能蘊育棟樑之材，提供穩定的根基，戌為下午 7〜9 點，時序為季秋，為過熟的果實，乃收成已結束，果實過熟落於戌土之上，成為爛掉的果實，此時也將是從新醞釀的開始，如同從新投胎、萌芽，所以戌中藏辛之理在於此。

　　以戌狗對寅虎之人而言，我戌提供良好的環境、機會、金錢，給予寅木成為棟樑之材，乃戌為寅木之財星。

　　反之寅虎對戌狗之人，其戌狗給予我得到良好的環境、愛的家、金錢、物質、磁場，造就我成為阿里山的神木，有安家、立業之地，乃戌土成就了寅木。

# 巳酉丑（未開發之地）

合成金局 → 長生於巳. 帝旺於酉. 入庫於丑。

| | | | |
|---|---|---|---|
| 巳 | 午 | 未 | 申 |
| 辰 | | | 酉 |
| 卯 | 三合 | | 戌 |
| 寅 | 丑 | 子 | 亥 |

**巳酉丑三合：**太陽照射，讓果實（酉）成熟，可以冬
藏（丑），太陽（巳）則功成身退。

**引申：**長生表中，只有庚金長生在巳，為相剋之象，
代表庚金是透過太陽丙火驅動而成，故庚金長
生在巳之理。

◎太陽照射在海洋，產生風（庚），此風為庚金，所以庚
金長生在巳，形成「天火同人」之卦象，也為「火天
大有」之卦象意指遇到志同道合的朋友，共同創造財
利，經過午、未、申打拼，到了酉有一番成果後，丙
（巳）卻迷戀少女（酉為兌卦為少女），產生丙辛合，丙
為了辛而光芒不見了，也代表辛有魅力能讓丙放棄權
貴。

◎八字有庚辛並見，就容易與朋友反目成仇之象或夫妻
　反目之象，要特別留意。

◎巳火不忠（巳火到酉時，旺度消失了），會形成有
　庚就沒有辛或有辛就沒有庚的格局。

例 1：

| 食<br>神 | 日<br>主 | | |
|---|---|---|---|
| 癸 | 辛 | | |
| 巳 | 巳 | 酉 | 巳 |
| 正<br>官 | 正<br>官 | 比<br>肩 | 正<br>官 |

　　八字沒有丑，見巳酉合，則巳火（配偶）男命不宜合
夥，因為巳酉合，事業不能永續經營，會敗在合夥人手
裡。

巳：巳時為早上九～十一點，此時太陽煦煦高掛在天
　　空，也代表孟夏，為初夏之意；庚金之氣長生在巳，
　　陽光、能量、溫度一直在加溫，花草樹木也開始成
　　長茁壯，百花齊艷，乃傳播之氣庚金的形成，也代
　　表風、氣流的形成。也為十二長生的臨官位。

**酉**：為仲秋八月份，為西方之氣、為兌卦、太陽於此時
　　即將下山，結束一天辛勤的工作，為下午五時至七
　　時，在此得到薪資、充滿喜悅，為悅之象，為秋季
　　成熟豐收的甜美果實。也為十二長生的死位，代表
　　休息之意。

**丑**：為後天艮卦位，萬物不生，為季冬十二月，有冬藏、
　　收藏、保存之意。秋收之果實在此冬藏入庫，為萬
　　物之終，為凌晨一～三點。也為十二長生的養位。


　　巳酉丑三合為金局，八字命格中見此三合者，會
經歷年青時候透過努力耕耘、體力付出（巳火夏耘），
得到經驗的累績，獲得結成之果（酉金代表秋收），也
能將累積的寶貴經驗傳承給子女（丑土為冬藏入庫）。


　　巳酉丑三合，此合為巳火的能量付出，完成酉金結
成果實，使酉金可冬藏入庫後，即將功成身退，損了巳
火。

　　如以此巳、酉、丑之人，對應到巳、酉、丑地支之人，將會產生何種的交互關係？

巳－酉：巳火為太陽之火，六陽之氣，十二消息卦為乾　　　　　為天，為庚申之氣，此太陽一升起，會伴隨庚　　　　　金一起努力耕耘作戰，為丙庚同氣。書曰：庚　　　　　金長生在巳。但到了西方，秋季之時，巳看到　　　　　了努力所得的成果酉金，但酉時為下午5點至　　　　　7點，庚金之氣已不見，象如當初一起打拚　　　　　的合夥人庚金，到了果實收成之地，見到了　　　　　年輕的少女酉金（兌卦），反而放棄合夥人、　　　　　物質庚金而合酉，有朋友或夫妻反目之象。

　　　以巳蛇之人對應於酉雞之人為貪財、貪圖美色（酉），而忘義（庚），為巳火之熱情招惹了酉金。

　　　以酉雞之人對應巳蛇之人，是因巳蛇熱情以對，虜獲了美人心，但終究太陽會下山，巳火的熱情已不在，酉雞之人只能感嘆巳蛇對情感的不忠，巳蛇也要自我檢討自己的風流、多情及迷失（辛金雲霧合太陽丙火）。

酉一丑：酉金為仲秋，為秋天已結成的果實，所以其情
　　　　性為安逸、守成、保守、現實之情性；而丑土
　　　　為萬物不生，為冬藏之庫，有如一座大的金庫
　　　　或儲藏滿滿食物之冰箱。

　　　　酉雞之人面對丑牛之子女，為將其果實保存傳承
給子女，使其無後顧之憂。代表酉金之人只要對父母親
盡孝道，即可獲父母的財產。而丑牛之人，面對配偶是
酉雞之人，如同娶到富婆將少奮鬥二十年；以酉金之人
遇到丑牛之人，如同嫁到小開，於經濟無後顧之憂，也
能幫老公持家、理財，如同獲得寶藏。

丑一巳：丑為十二月，寒冰雪地，萬物不生，履霜堅冰
　　　　至，此丑地水無法流動，水被凍結之象，也代
　　　　表行為、思想保守穩定狀態之意。

　　　　巳火為初生之太陽，溫度持續在形成，讓大地產
生盎然生機，此巳蛇對丑牛而言，如同讓丑牛得到保暖
之物、冬天裏的一把火，可名望於一村，成為地方之名
人，此種感覺是物以稀為貴的待遇再好不過了，也可賣
弄才識，也如同十年寒窗苦讀，一舉成名天下知，遇見
大人，高官之貴。

以丑牛對巳蛇而言，如同巳蛇之人在勞碌付出之後，得到藏物之寶地，也能讓巳蛇之人展現英雄救美人的情性，擄獲了美人心，讓巳蛇之人才能展現無疑，使丑土倍感溫馨。

## 申子辰（春天之地）

### 合成水局　→　長生於申．帝旺於子．入庫於辰

| 巳 | 午 | 未 | 申 |
|---|---|---|---|
| 辰 | 三合 | | 酉 |
| 卯 | | | 戌 |
| 寅 | 丑 | 子 | 亥 |

**申子辰三合**：狂風暴雨引來大量雨水入辰庫，水（子）在庫（辰）亦在，而風（申）不見了。

**引申**：三人行必折損一人，所以三個人不宜合夥事業。

◎申出現在何柱，則可論與此柱之人、事、物緣份較薄。

◎子辰的組合，辰得到、子失去，因為子入辰庫，活動力不見了，智慧能力受到約束。

◎申子的組合，颱風引來大雨水，彼此都忙碌不堪、勞祿奔波之象。

申：時令七月，孟秋未成熟之果，也為強風，替天行道
　　肅殺之氣庚金；此月颱風特別多，樹木將承受狂風
　　的考驗，以驗收樹木之能力，有將軍之魄力，勇往
　　直前。十二消息卦為天地否，也為十二長生的病位。

子：寒冬十一月的水，此水無法產生益木之功，反而會
　　使木生機受限，無法蓬勃而生，是水來滅木之性，
　　為五陰一陽，十二消息卦為地雷復，也為十二長生
　　胎位，孕育一陽之氣。

　　水代表智慧、言語，為申（颱風）帶來的雨水，也
為晚上的雨水。

辰：季春之時，時令三月，陽體陰用，蓄水的水庫，
　　為地網、為收藏水資源的水庫；將過多或過旺的水
　　儲備、儲藏，以利灌溉農作物、樹木、花草及民生
　　所需。

　　申子辰三合為颱風引來大量雨水而入辰庫，以備所
需，但也易因水落入辰庫深淵，致使投資失利、血本無
歸，所以今年民國一百零一，壬辰年將面臨經濟的重
整；也必須等下個月明年癸巳年，運逢火旺之地，才可
回收獲利。

以本身申、子、辰之人對應到申子辰之人，將會產生如何的交互作用關係？

申－子：申為風、為動態的驛馬星，為水的來源；子水為靜態、思考形、智慧之星；以申猴之人對應子鼠之人，更可展現其能力及魄力，為一完美任務的達成，如同申金颱風一來，產生大量雨水，以備不時之需，為將軍作戰成功之象，也代表申金之人為子鼠之人帶來了人潮。

　　以子鼠之人對應申猴之人，為一任務的開始，也為忙碌的開始，此時子鼠之人也只能默默不得不，接受申猴之人一意孤行而改變，除了滿懷抱怨之外，更要接受此責任的產生，為家庭付出心力，任勞任怨。

子－辰：仲冬十一月為子月，子為寒冬之水，亦為申颱風帶來的雨水，辰為收藏水的水庫，俗稱地網，可網水資源及丙火太陽。

以子鼠之人對應到辰龍之人，如同走入葫蘆谷，一進入就很難再走出來，如同相戀的情侶，一開始就衝動的踏入婚姻的墳場，無法再有選擇的機會，也代表結了婚，願意為對方死心蹋地，忠貞不二。

反之，辰龍之人對應到子鼠之人，就如同對方一腳掉進自己精心設計的陷阱，一入深淵，即叫天天不靈，叫地地也不應，也代表子水之人自己投懷送抱、心甘情願，為對方辰龍放棄以前的自由。

辰－申：季春時令為三月，辰為儲水的水庫，而水也要經太陽的蒸發而產生水蒸氣辛金，變為雨水而下，或經丙火太陽驅動申金、颱風，而帶來狂風大雨，此颱風的形成是經太陽（巳）一直加強溫度到午，再一直加溫到未高溫，而形成強烈的氣流對應，經過長時間的醞釀而逐漸形成強風。

以申猴對應辰龍之人，常常是因責任的付出，而心甘情願為辰龍勞碌奔波，付出犧牲所有的青春歲月，在所不辭，反正一切都為著辰龍為人作嫁。

　　反之，以辰龍對應申猴之人，卻是因需要、慾望、需求、期待、而互動交往，為有目地的往來，此是展現申猴有極高利用的價值性，也代表辰龍有相當的魄力，能讓申猴為辰龍之人而改變情性，犧牲奉獻。

**寅、申、巳、亥**→四驛馬地（較動態性），也為陽天干的長生之地。

**子、午、卯、酉**→四正位（桃花地、人緣旺），也為陰天干的長生之地。

**辰、戌、丑、未**→墓庫（自然界的印星），也代表土地的變遷，異動或收藏之地。

⊙談生意如何找有利的時間點？
天干化進神（天干順排），木氣旺為自然界的財星。
地支順排化進神，地支為根為重。地支三合化進神，對方會聽我的話；如果化退神會被殺價。
另外，須注意三合損掉的為對方，而不是自己。

## 例 :買賣（申子辰三合的互動關係?）

| 偏 | 日 | 傷 |
|---|---|---|
| 印 | 主 | 官 |
| 庚 | 壬 | 甲 |
| 子 | 申 | 辰 |
| 劫 | 偏 | 七 |
| 財 | 印 | 殺 |

水生木為表象，會說好聽的話，其實壬想從甲得到好處。申對甲金剋木，心中想殺價。

子被辰收藏，子會為了辰完全改變自己，遇辰連本性也改變，乃庚為申，庚子有申子的象，加上辰為申子辰。

如果是（ 子　卯　辰 ）的對待關係，那麼子會讓卯木受傷，但會為了辰付出。

申子辰三合的應用法：

例：成也申，敗也申

| 劫財 | 日主 | 偏財 | 正印 |
|---|---|---|---|
| 癸 | 壬 | 丙 | 辛 |
| 卯 | 辰 | 申 | 亥 |
| 傷官 | 偏官 | 偏印 | 比肩 |

　　此例的父親是位高階軍官，因為他知進退，不願升官，因而順利退休，若他不知進退，那麼申子辰三合後申子入辰庫，申金就會不見而損傷；以丙的角度，我丙會因為部屬的連累而落陷（丙落辰）。

　　丙的溫度有時旺有時弱，表示我對我錢財的取得，採取柔中帶剛，剛中帶柔的方式；壬水透干，壬的長生在申，表示壬為申所引起，然後被壬辰收藏，身陷冤屈；丙壬交輝，我會認為我很屬害，申為壬的印，易住到不對的地方，因申金受損，也代表這個人曾經很努力過，因丙壬交輝又丙申御駕親征，（此例曾開過公司），但落點為辰，太陽不見，財官皆不見，若知進退，授權給別人處理或放棄一些機會，就可以過這個關卡。

此格局丙火對下屬可授權不能放縱，我的作為因申而起，也因申而身敗名裂，故曰成也申，敗也申。申也代表母親，我壬和媽媽的觀念不合，母親易給我不好的觀念而引響到我的成就，損了錢財。

# 第五節.地支六沖

## 地支相沖：差六為沖

沖就是陰陽的變換關係，由陰轉陽或由陽轉陰，是緣生、緣滅、對待的一條道路，又稱反背，也是古人最禁忌的數字，含互相矛盾、有衝突、破壞、毀滅，互相違背、結束，更夾雜著剪不斷、理還亂的矛盾情結，也是六道輪迴，六條對待的道路、關係，但不是沖就代表不好，也非合就是好，要看其對待情形而論之，所以不用看到沖就害怕，應該瞭解所需。

沖共有六組：子午沖　丑未沖　寅申沖
　　　　　　　卯酉沖　辰戌沖　巳亥沖

# 子午沖

| 巳 | 午 | 未 | 申 |
|---|---|---|---|
| 辰 | 六沖 | | 酉 |
| 卯 | | | 戌 |
| 寅 | 丑 | 子 | 亥 |

## 子午沖：

　　子為北、屬水為晚上 11 時至凌晨 1 時、午為南屬火為中午 11 時至 1 時，為晚上(陰)與白天(陽)的對待關係，子午沖也為水火不容，此沖會產生個性極端、情緒起伏不定，子為冷為冬，午為熱為夏，子午沖產生了氣的變化，但也因子、午都是桃花星，因而異性緣佳、長相漂亮，也易因感情惹禍上身而產生不安；南北之情性也易與走私、販毒、槍枝、買空賣空、警察之行業有關，也代表著天地、鬼神之情性。

子為午的官，午馬之人為求事業，而要忍受子鼠之人的冷嘲熱諷。午馬為子鼠的財，代表子鼠之人為求財，反而財來財去，也易失去子鼠之情性。

# 卯酉沖

| 巳 | 午 | 未 | 申 |
|---|---|---|---|
| 辰 | 六沖 | | 酉 |
| 卯 | | | 戌 |
| 寅 | 丑 | 子 | 亥 |

## 卯酉沖：

卯酉為東西之緯線，則如「風澤中孚」之象，卦序：「節而信之，故受之以中孚。」卯木走人道；代表人倫道德，對人的行為道德觀很在乎，第六感強、眼神銳利、做事乾淨俐落、愛乾淨，靠人脈賺錢，屬人緣、桃花之沖，也容易卡陰。

酉到卯之沖為背約失信，憂愁勞心，為「澤風大過」之象。如同秋天種樹到了冬天易死亡，凡事都無法修成正果，也有桃色糾紛。卯酉沖之人也與人文、教育之行業有關，可從適教育之工作。

# 寅申沖

| 巳 | 午 | 未 | 申 |
|---|---|---|---|
| 辰 | 六沖 | | 酉 |
| 卯 | | | 戌 |
| 寅 | 丑 | 子 | 亥 |

## 寅申沖：

寅為萬物的始生，寅如同小樹或樹幹，申為木已成長茁壯，變為大樹，此象為「雷天大壯」之象；含好動、飆車、閒不住、勞碌、開創、無中生有，與六親緣薄、白手起家，也易經過死裡逃生之象。

寅申沖需注意車關，尤其會發生在轉彎處，也常有無妄之災的情形發生，此組的組合喜歡追根究底，重來源、傳承，但也常風流多情、好管閒事、喜歡幫助別人，一生貴人少，凡事不假於他人之手。

艮卦為萬物的終始，寅為萬物之始，丑為萬物之終，艮到坤連成一線，順行那一半為陽，逆行之另一半為陰；再將後天巽、乾連成一線，這兩條線交義就分成

了東西南北四個方位；艮為止，故之後的寅為開始， 套入人、事、地、物，只要看到寅， 就代表會經過死裡逃生的狀況， 因為寅木為種子要破土而出， 要歷經險境才能順利長大，也代表責任、義務的開始。

八字有寅之人重根基，喜歡追根究底，研究學術要知道來源；寅的對角為申，申較重未來，說未來的事很準，因為申代表即將要看到果實（果實為西方，為極樂之地），故八字有申之人重成果，追求速成之功；事業上寅人為白手成家，會自己去追尋；而申人較易得到父母的傳承，而且能加以改革、突破、創新。

（以上六沖之解讀由馬婉華老師筆錄提供）

# 巳亥沖

| 巳 | 午 | 未 | 申 |
|---|---|---|---|
| 辰 | 六沖 | | 酉 |
| 卯 | | | 戌 |
| 寅 | 丑 | 子 | 亥 |

## 巳亥沖：

巳火為太陽炎上，如同飛鳥、飛機；亥水如同舟船之象，一上一下是為對立之情性。此沖為驛馬之沖，速度較快，較遠的驛馬之沖；喜歡捷徑、快速，口才一流，辯才無礙，也是師格，但要小心禍從口出、多管閒事、為人熱心、喜歡幫助他人。

巳亥沖，形容太陽從升起到落下，有奔波之象，也是代表有兩個棲身之地。

以巳蛇之人對應亥豬之人，為了求事業，巳蛇不得不忍氣吞聲面對工作之壓力。反之亥豬之人為求財星，不得不見太陽，事事求是，在陽光下接受審閱，無法再隱瞞事實真相。

巳亥沖應用案例解說：

例：某名嘴的兒子

| 傷<br>官<br>庚<br>午<br>偏<br>印 | 日<br>柱<br>己<br>巳<br>正<br>印 | 正<br>財<br>壬<br>午<br>偏<br>印 | 偏<br>官<br>乙<br>亥<br>正<br>財 |
|---|---|---|---|

　　己巳為明入地中，太陽落入地中，所以己巳為地火明夷卦象，此卦象排例於日柱者與家中父親緣份薄，而且午到巳重新而來，於日柱與時柱巳又到午，代表乙亥這個小孩能力很好，日柱己巳變時柱庚午，一生行事可以風行天下，揚名國際。

　　八字中財星都被合被沖，所有的財都不見了，而且巳亥沖也易有車關。

　　此局以壬為父，但一巳亥沖，財星壬水不見，此局丁壬合化木，代表父母能力相當的強，再加上日柱己巳地火明夷之卦象，太陽明入於地中，傷到了父親可說是一大遐疵。

如果我們看到了此種命盤，我們可建議對方用乙卯來平衡八字，因癸水長生在卯，也讓乙在己土上好好生長，又卯木可合亥水，不讓亥水沖巳火，讓火去益木，不要去傷身體。那為什麼不用火呢？乃巳到午化進神，火的力量已足夠，不需多此一舉，所以不需用丙。

月壬午遇到己都可以得長上的福蔭，因壬午為己土的財印，丁壬合木，木為己的官，己遇壬午為財官印相生；巳午未亦為驛馬之象，巳也為其中動得最快的，代表此人一生福蔭佳，在動態中得到成就、功名。
（此案例由馬婉華老師筆錄提供）

# 辰戌沖

| 巳 | 午 | 未 | 申 |
|---|---|---|---|
| 辰 | 六沖 | | 酉 |
| 卯 | | | 戌 |
| 寅 | 丑 | 子 | 亥 |

## 辰戌沖：

　　天羅地網之沖，變化較大，一高一低。土地變化之代表，也代表任勞任怨，為家庭付出。

　　庫沖居住環境的改變，很會自圓其說，好鬥、好辯，脾氣不好，感情自覺得辛苦，因庫沖所以開銷大；也常常誤判，花錢看得到，但錢財留不住；易住到錯誤的房子。

　　辰到戌之沖易誤判，故不宜自創事業，將太陽下山誤判為太陽升起，因而投資失利，遇天羅地網之沖，要注意因人事而丟了權貴、職位，不得不防。

# 丑未沖

| 巳 | 午 | 未 | 申 |
|---|---|---|---|
| 辰 | | | 酉 |
| 卯 | 六沖 | | 戌 |
| 寅 | 丑 | 子 | 亥 |

## 丑未沖：

極速改變，乃冷熱對流變化大，與辰戌沖都是代表土地的變化。丑未沖愛鑽牛角尖、主觀意識強、喜歡追根究底，此沖易產生辛金而傷害到乙木，所以容易與人爭執，也常無謂地開銷；未中藏能量丁火，丑為顯、為終而復始、土地的變換；未代表已開發的土地，丑代未開發的土地，丑未沖居住地易有形煞，環境地形落差極大。溫度變化過大，也常發生人事的變化，乃思想落差大之故。

## 子午相沖

◎子午卯酉四正全備，沉迷酒色，也易有血光。

◎流年子午卯酉重逢，易有酒色荒淫之害，主多情色、桃花之厄。宜將它轉為人際桃花。

◎水火交戰，午中丁火被沖而出，尤其子在月令，容易血光之災或中風、腦溢血、血液循環系統的毛病。

◎時支火或子午沖、水火交戰，主有泌尿系統或婦女子宮之疾病，受孕不易，天干透見丁交戰者更驗。

◎年月逢沖，早年出外工作，難得長輩福蔭，學業易半途中斷，宜學習一技之長。

◎子午沖，溫度急速變化大，等同驛馬，一生變化大，動盪不安。


## 丑未相沖

◎丑未也為冷熱的溫度變化，亦為土地、宅居的變動。也易產生辛金之腫瘤物。

◎丑未本氣屬土，逢沖多，主心情變化大，阻逆、塞滯。

◎未中丁火被丑中癸水沖出，癸滅丁，多主血光之災，原局八字丁透或逢流年丁火引動，更驗。

◎丑未沖，身上易有增生於皮膚的瘡疤，也為腫瘤。丁火見戊土，更驗血光災，因戊為皮膚，皮膚肌肉受傷，血光之災。

◎日主為甲、戊、庚日生的人，貴人在丑未，而貴人相
　沖，事情變化大，少貴人提攜，福蔭淺薄。

◎丑未戌三刑全見，易搬遷、變動。財庫逢沖，錢財易
　流失。宜買不動產土地保質。

## 寅申相沖（驛馬沖）

◎金木交戰，若金勝木敗，木為筋骨、腰部、手足，者
　筋骨、手足易受傷。若金敗木勝，金為骨骼、大腸、
　鈣質、牙齒，故容易有齒敗、骨疏鬆、便秘、骨骼生
　長問題之疾。

◎寅申巳亥地支含干複雜，逢沖則局破而禍重，一生動
　盪不安，起伏不定。

◎年月寅申沖，少年離家，早出社會工作，且難有高學
　歷。

◎日時相沖，驛馬逢沖，一生忙祿，須防交通事故之發
　生。

## 卯酉相沖

◎書云：「木逢金，定主腰脇之災。」但要視月令之氣何者強弱而定。

◎書云：「子午卯酉重逢，害酒色荒淫之志。」多主桃花色情之災，也較在意物質之享受。宜轉為人際關係的桃花。

◎卯酉相沖，仁義之沖，易失約背信，安於現狀，須防色情糾紛，也易重新而來。

◎卯酉沖，金剋木，若木衰金旺，容易引發肝、膽功能失調，筋骨酸痛、受傷之病疾。

◎女命日支時支為卯酉，子女易受傷，或與父親緣薄。

◎古云：「八字年月見卯酉沖，出世時必多遷移。」

◎卯酉為日月之門，最忌卯酉年月沖，逢沖則祖基破敗，重新而來。

## 辰戌相沖

◎辰戌丑未四墓庫，辰戌沖為土地高低之變化、丑未沖為溫度變化之大，有衝動之意，因是土地之沖，也代表居住環境的變動。

◎辰戌相沖者，思想、情緒、土地變化落差大。

◎書云女命：「有辰休見戌，有戌休見辰；辰戌若相見，婚姻易多變。」

◎命局四柱全為土，辰戌沖、丑未沖，易破家重來，或土地、住家之變遷。

四柱土多，皮膚不好者，易長斑及增生物。

◎八字火被沖出來，易有血光之災，尤以丁遇戊為最，因戊土會收藏丁火，故有血光。

◎辰戌相沖，內藏干為癸丁交戰，若癸水的力量大過於強，壓迫了丁火，容易有血管破裂，如腦溢血、中風、外傷流血之象。故逢甲年或甲月，會將癸與丁引出，宜防範之。

◎日主甲戌見時柱戊辰，由不重視錢財，轉變為重視錢財，而且可得到財利。

◎辰到戌的沖性情較為急躁，時常因口舌引發困擾。戌到辰的沖會由急躁轉為平易近人。

◎沖在日時相見，易流產或損胎。

◎日支為辰，機會較一般地支多，而且是戊辰日的人，更是錢財、感情自己來。

◎四柱中見辰戌相沖者，不論是在事業或婚姻上，易有先敗後成的現象。婚姻宜晚婚為佳。

## 巳亥相沖（驛馬相沖）

◎寅申巳亥為四驛馬之地，地支內藏天干較為複雜，逢沖則禍重，多主起伏變化、動盪不安。

◎書云女命：「寅申互見性荒淫，巳亥相逢心不已。」但八字有印星無破者反珍惜自己的羽毛。

◎驛馬之沖，主工作、事業、移居之變動。

◎巳亥相沖，女命逢之，主姻緣受阻逆或遠嫁鄉異國之夫。

◎巳亥相沖，好大喜功，喜歡多管閒事，有師格

# 第六節．地支六害

## 地支六害：六害由六沖加六合而來

## 子未相害

　子丑要結婚，稱六合，但出現未來沖丑，使子丑無法合，未害了子，稱子未六害。

| | | | |
|---|---|---|---|
| 巳 | 午 | 未 | 申 |
| 辰 | 六害 | | 酉 |
| 卯 | | | 戌 |
| 寅 | 丑 | 子 | 亥 |

## 子未相害

### 歌訣：羊鼠相逢一旦休

　子為低溫、未為高溫，忽冷忽熱，就易形成病菌，體是在子鼠，又為病毒、病蟲害的寫照，也常因室內空氣不流通而產生病毒、病菌。子未冬夏之情，個性兩極化，見面沒好話，且會彼此要求對方小人不斷，也因產生辛金而傷卯木，子水也因未土的關係而受傷、委屈。

　　子鼠之人遇到未羊之人，為了事業不得不委屈自己，沒有自我，真是苦不堪言，但也可因為未羊而創造出權貴。

　　以未羊之人遇子鼠之人，為了求財，不得不讓子鼠屈服，也因而得到舞台的拓展。

## 丑午相害

　　午未要結婚六合，丑土卻沖了未土，使午未無法六合，丑害了午無法與未結婚，稱丑午六害。

| 巳 | 午 | 未 | 申 |
|---|---|---|---|
| 辰 | 六害 | | 酉 |
| 卯 | | | 戌 |
| 寅 | 丑 | 子 | 亥 |

## 丑午相害

**歌訣：自古青牛怕白馬**

　　午為馬為高溫之地，丑為牛為極寒之地，兩者溫差極大，午馬會將結冰的丑牛溶解，稱之青牛怕白馬。此種害常常又愛又恨，高低溫，溫差大；牛

頭不對馬嘴、答非所問、思想差異大、沒耐性、易發脾氣。逢旺易怒，缺乏忍耐，但原局中丑到午又為由固執、保守轉為活耀、熱情。

　　以丑牛之人遇午馬之人，丑牛不得不為午馬他而改變所有的生活習性，一切都要重新學習，而鞏固兩者間的情誼。

　　以午馬之人對丑牛之人，無形中的氣勢讓丑牛不得不投降，也因此讓午馬產生很大的責任、義務，讓丑牛覺得是一種甜蜜的壓力。

# 寅巳相害

　　寅亥六合要結婚，巳火出現沖了亥，害寅無法與亥結婚，稱寅巳六害。

| 巳 | 午 | 未 | 申 |
|---|---|---|---|
| 辰 | | | 酉 |
| 卯 | 六害 | | 戌 |
| 寅 | 丑 | 子 | 亥 |

## 寅巳相害

### 歌訣：蛇遇猛虎如刀戳

寅到巳，為寅木成長必經得過程，脫胎換骨，其火讓寅木蓬勃而生，長了樹葉，樹幹不長，而代表越來越亮麗。

巳到寅為巳火讓寅木長了樹葉，樹幹不長疲憊不堪，所以講話銳利，看到會鬥嘴，沒看到又會想對方；喜歡付出，只要常讚美他，他就會心甘情願地付出。此巳到寅有降溫、退化，好動、在家閒不住，為了子女也常有無奈感，重者疾病纏身，也代表身負重任、壓力。

寅虎之人遇到巳蛇之人，如同為了子女無怨無悔的付出。

巳蛇之人遇到寅虎之人，其巳蛇本身活耀的展現，使的寅木備感壓力，也因寅虎為了協助巳蛇，只能感嘆咎由自取。

# 卯辰相害

　　卯戌六合要結婚，辰出現沖了戌，辰害了卯無法與戌結婚，稱卯辰六害。

| 巳 | 午 | 未 | 申 |
|---|---|---|---|
| 辰 | | | 酉 |
| 卯 | 六害 | | 戌 |
| 寅 | 丑 | 子 | 亥 |

## 卯辰相害

### 歌訣：玉兔見龍雲裡去

　　卯到辰為春天之氣，木蓬勃而生，為開創、創業的開始，是木的進化過程，順應大自然之氣；辰到卯易思想南轅北轍、差距很大，易遭親朋好友或是兄姐妹陷害或扯後腿，此害易產生辛金傷卯木；逢旺易怒，缺乏忍耐。　辰到卯也易有前世祖先眷戀家屬，來投胎轉世的情形。

　　卯兔之人遇辰龍之人，會因辰龍的貴氣，而讓卯兔不斷學習成長，為卯兔追尋之目標，欣欣向榮。

　　辰龍之人遇卯兔之人，因辰龍的機會、才勢、財力，而引來卯兔的壓力，而自我設限、自尋煩惱。

# 申亥相害

申巳六合要結婚，亥出現沖了巳，亥害了申無法與巳結婚，稱申亥六害。

## 申亥相害

### 歌訣：豬遇猿猴似箭投

申季節為立秋之季，易產生狂風，在遇到亥，如同狂風暴雨，河川暴漲、風雲變色，是非災難多，有土石流之象，水混濁不清，也易患腎臟之疾。申為強風，亥為動態的大水，申亥易形成土石流之象，宜防範不當的投資而難以收拾。

申亥也代表發炎之象。

以申猴之人對應亥豬之人，因申猴的熱情以對，使得亥豬無法擋住申猴的魅力，而情願為申猴無怨無悔付出。以亥豬之人對應申猴之人，因申猴的攻勢，讓亥不顧一切跟隨申猴四處勞碌奔波。

# 酉戌相害

辰酉六合要結婚，戌出現沖了辰，害酉無法與辰結婚，稱酉戌六害。

| 巳 | 午 | 未 | 申 |
|---|---|---|---|
| 辰 | 六害 | | 酉 |
| 卯 | | | 戌 |
| 寅 | 丑 | 子 | 亥 |

## 酉戌相害

### 歌訣：金雞遇犬淚雙流

兌卦為悅也為毀折之象；如戌到酉會互相戲弄對方、引發爭執故意讓對方生氣，讓人哭笑不得易遭人陷害，此也代表致蠱、損傷之象，所以易爭執，夫妻有此害感情有待培養，也易有流產、聾啞或顏面多惡瘡，乃果實爛掉之象；但酉到戌為大自然之進化，為滿山的果實，理財能力很強，此不論為六害，反而是喜悅之象，所以傳統的生肖姓名學論斷，一半以上的學理是錯誤的。

姓名、風水學術論斷會準，但改了有95％以上是無效的，因為運還沒到。

　　以酉雞之人對應戌狗之人，是滿懷溫馨的喜悅，但也因戌狗之人熱心的協助，卻讓酉雞倍感壓力重重。

　　以戌狗對應酉雞之人，也只能說早知道就不要，也不會變的如此，但都以太晚了，只能感嘆，戌狗給酉雞太豐富的愛，卻讓酉雞難以招架。

# 第七節.地支相刑

「寅巳申」三刑，在早期的八字老師的學理上，只要你的八字中有此三刑便不收你為徒弟了，乃「寅巳申」稱無恩之刑，有此刑剋會導致忘恩負義，違背倫理，所以傳統的老師看到此格局是不教的。

傳統八字「寅巳申」為無恩之刑，「戌丑未」為恃勢之刑，但此學理名稱是錯誤的，大多數人在土地上成長，一直忘了土地帶給人們的恩惠，好比我們有了成就之後，再買新的樓房、別墅，也未曾感恩舊房子帶給我們好的房磁場、能量，所以我把「戌丑未」定位無恩之刑。而「寅巳申」為恃勢之刑，這樣比較合乎事實的形態了，因為巳申都含有急速、快速改變之意，積極行事，當然也較有恃勢的意味，而戌丑未屬土庫，是不動的形態。

「寅申巳亥」為四驛馬地，屬動態性之星，做事比較容易衝動，而且欠缺考慮，所以在寅申巳亥前面都是土，寅之前為丑，巳之前為辰，申之前為未，亥之前為戌，表示在動之前要透過土來思考策劃，想一想改變是好或是壞，緩和一下，也代表季節的轉換、生化之作用。

　　「辰戌丑未」都是土，土本身含有沉澱及生化作用，土中也含有五行，有如丑中含己癸辛，若丑中無火（能量），寒冰雪地中如何生長雪蓮，故土中含有溫度，好比冬天用馬達抽地下水，流出來的水是熱的，土中有熱量，故丑藏己癸辛外仍暗含溫度，所以寅木也才能破土而出，其中三個土為辰中含戊乙癸，未中含己丁乙，戌中含戊辛丁，都是俱有五行全的質量。

　　地支之相刑是由三合配合三會而形成差三、差六、差九的象，稱之為刑，無論刑、沖、會、合、害，都是主宰著八字的靈魂及一切的起伏變化，但刑也不一定是不好，刑是內心的一種感受，含有過錯，不知足，躁動之現象，也因有刑，才會形成質量的交互作用。

三合:寅午戌。巳酉丑。亥卯未。申子辰。
三會:巳午未。申酉戌。亥子丑。寅卯辰。
此三合加三會上下兩個字組合而成十二組的刑，就會構成:
寅巳相刑。午午自刑。戌未相刑。巳申相刑。
酉酉自刑。丑戌相刑。亥亥自刑。卯子相刑。
未丑相刑。申寅相刑。子卯相刑。辰辰相刑。

　　我們將它整理後分成寅、巳、申稱之三刑，為寅刑巳、巳刑申、申刑寅，為恃勢之刑，講的是天道之事；丑、未、戌稱之三刑，為丑刑未、未刑丑、丑刑戌，因為土的刑剋，稱之無恩之刑，講的是地道、土地之事；而子刑卯、卯刑子稱無禮之刑，又辰辰自刑、午午自刑、酉酉自刑、亥亥自刑都與人倫有關係，為談人道之事宜；故恃勢之刑，無恩之刑為天地之道，而相刑與自刑為人道，強調人之是非。

（此篇文章由王聖喻老師筆錄提供）

# 十二支相刑

## 寅刑巳　　巳刑申　　申刑寅 ： 為恃勢之刑

「寅、申、巳三刑」為挾天子以令諸侯之象，易有車關，代表動態的傷害，仗勢欺人，因此常常受剋於天之責罰，而產生无妄之災，宜懂得尊敬鬼神，敬養祖先。此刑常自己給自己壓力，總覺得自己付出很多，但吃力不討好，使自己的熱情一直在降溫，總有無奈的感覺 ，建議抱持著義工的心態；四柱地支有這三支為刑者，寅木所屬的人、事、地、物常有惡事發生、遭人陷害或受到冷酷無情的對待，如果坐死絕更驗。女命遇此刑，於懷孕期間容易損傷流產。

寅巳申：寅到巳講的是木成長過程，如同老虎要變大人脫胎換骨，會循正道，公平競爭，蛇遇猛虎如刀戳，過程是很痛苦的。巳到申，巳火驅動庚金，較有企圖心，申金為未成熟的果實，巳申合也如同偷嚐禁果、強摘的果實，意代表還沒準備好就去做，等於邊學邊做，結果是好的；申到巳易失敗，失敗後再重新而來才能成功。

## 寅、巳刑：

| | | | |
|---|---|---|---|
| 巳 | 午 | 未 | 申 |
| 辰 | 三刑 | | 酉 |
| 卯 | | | 戌 |
| 寅 | 丑 | 子 | 亥 |

巳火為蛇，寅為老虎，老虎與蛇在春夏之間會有蛻變，使皮、毛更為亮麗，但在這過程是辛苦的，也如同寅木（甲）遇巳火（丙），只長樹葉而不長樹幹，故為疲勞不堪之象。

以巳蛇對寅虎之人來說：面對寅虎的關懷，也只能用滿滿的愛以對，但卻造成寅虎之人壓力重重。

以寅虎對巳蛇之人來說:是給予我舞台表現之機
會,但也因巳蛇過度的關心,卻很難讓寅虎有好的表現。

## 巳、申刑:

主帥與將軍,巳申也為刑,也為六合,巳申合化水,
合為冬水之情性,巳申為太陽驅動庚金風,而傷了木,
申有如巳火旁的大將軍,為巳執行任務,肅殺之氣而有
了刑剋。

## 申、寅刑:

申為將軍、為颱風,申讓寅木受傷,申執行任務,
申金剋木,出自天的行為,寅木一生常有無妄之災,是
木所屬的人、事、地、物受到損失傷害。

# 未刑丑　丑刑戌　戌刑未：為無恩之刑

| 巳 | 午 | 未 | 申 |
|---|---|---|---|
| 辰 | | | 酉 |
| 卯 | 三刑 | | 戌 |
| 寅 | 丑 | 子 | 亥 |

　　「丑、未、戌三刑」為土地的變遷，也是一種刑剋，土地的刑容易搬錯房子；在人生的過程中，住的環境造就我飛黃騰達，我卻從來不感恩，忘了感恩這片土地所帶給我的成就，稱為無恩之刑。


　　四柱有此刑，若恃自己的勢力而過於猛烈，自以為聰明、強詞奪理，易受挫折失敗。坐長生、冠帶、建祿、帝旺者，精神剛毅。坐死絕者，若卑屈而狡猾，常會招災患病，女命主孤獨。

　　戌到未常住在反弓之地或為形煞之犯，也代表從偏僻的地方到熱鬧之地。

# 子刑卯　卯刑子 ： 爲無禮之刑

| 巳 | 午 | 未 | 申 |
|---|---|---|---|
| 辰 | 相刑 | | 酉 |
| 卯 | | | 戌 |
| 寅 | 丑 | 子 | 亥 |

　　子刑卯、卯刑子，子爲寒冬、卯爲仲春之季，水生木，此冬水生木卻讓卯木嚴重受傷，帝出乎震（卯），子水傷子卯，無禮之刑剋，較不會注重禮節。

　　子是卯之母親，但卯卻是地方名人，財大氣粗，子因此比卯地位卑微。

　　子刑卯之刑也易有口舌爭端、小有言，乃子爲寒冬，其水不利於卯木成長，象如不當言語，傷害了卯木。

　　卯刑子：卯爲春天，四陽之地，象如癸水長生在卯，爲春季之水，有「苦口婆心」，總是希望長輩能平安健康快樂。

## 刑剋的理論根據

八字中子到卯，象為嘮叨，寒冬會讓卯受傷，子為寒冬之氣，講話沒禮貌；而卯到子，象為小有言，順行，由春到冬。萬物從丑而終，從寅開始。順天道而行是好的象，代表此人守信、按步就班之象。乙木到終點，會冬藏，乃卯到子一定會經過酉金，秋收再冬藏入庫，積蓄守成好的象，有成就、有果實，但乙木終就不過冬，代表功成身退。所以不論子到卯或卯到子，卯木都一定會受傷的，宜珍惜當下所擁有的一切人、事、物。

## 辰刑辰　午刑午　　酉刑酉　亥刑亥 ：稱為自刑之刑

| 巳 | 午 | 未 | 申 |
|---|---|---|---|
| 辰 | | | 酉 |
| 卯 | 自刑 | | 戌 |
| 寅 | 丑 | 子 | 亥 |

自刑是兩個相同的地支重覆出現，又稱「伏吟」，皆因氣太過於旺，也為自己內心不滿足而引起心裡的鬱

悶，明知不可為而為之，內心之糾葛、重覆、重現、重來、不變，又為無病呻吟之意，也代表自己惹來的麻煩。

亥亥自刑為寒冬之氣，又為黑夜之情性，此時六陰之氣，陽氣不臨，所以此刑是四組自刑當中較為嚴重者，容易傷害自己，有憂鬱症之傾向，常常外表看似樂觀，心中有話卻不知向誰傾訴，日積月累導致內心鬱悶；酉、午較亥來得輕微，辰為春天之氣，所以辰辰自刑最為輕微，屬於多此一舉之型態。

## 辰辰自刑：

| 巳 | 午 | 未 | 申 |
|---|---|---|---|
| 辰 | 自刑 | | 酉 |
| 卯 | | | 戌 |
| 寅 | 丑 | 子 | 亥 |

辰辰自刑春天之氣，十二辟卦五陽一陰，陽旺的季春，有調節及收藏水之功能，但天生就憂鬱、不滿足，因水庫會收藏水，想要更多，有不知足之象，常感到內心滿腹委屈，其實自己是最有機會的人，重視別人對自己的感覺，不滿足現況，對自己的要求高，此乃近官利

貴、環境不錯、風和日麗，有懷才不遇的感覺，但春天之氣，能有開創、創新的機會。

八字局中，辰在哪裏，機會就在哪裏，因辰為低陷之地，將所有水資源作收藏，但最怕遇亥水來破壞辰。

## 辰辰自刑應用案例解說：

例：男命　知名建築師

| 比 | 日 | 劫 | 七 |
|---|---|---|---|
| 肩 | 主 | 財 | 殺 |
| 庚 | 庚 | 辛 | 丙 |
| 辰 | 辰 | 丑 | 申 |
| 偏 | 偏 | 正 | 比 |
| 印 | 印 | 印 | 肩 |

原局日主庚辰以丙火為官星、事業，丙辛合化水，化在秋冬之氣，水不能益木，代表做的工作相當冷門、特殊，水也為智慧，靠智慧賺錢。冬水會傷木，木為其財星，其財星取得是透過冷門的管道（秋冬為肅殺之氣，易傷木）；水傷辰中乙木，他的配偶、員工易受傷（老婆身體不好，員工很敬職）；木為財星，木受傷，花錢大方豪氣，人際關係良好，但也因此可改善老婆身體狀況。

食傷(水)入辰庫，代表他賺錢用智慧，都在辦公室(辰)裡(一堆人在一起用智慧、才華，想法子賺錢)；到了庚辰柱後，水入庫，水成為春天的水，40歲後會轉型，現從事房地產。

如用丙來煉申為勞碌、奔波，但原局中也有丑來煉申，則是透過智慧、才華取財，代表賺錢較輕鬆；但因脾氣太強，所以不管什麼樣的人和他在一起都會因他的脾氣太強而受傷，唯有乙卯之人能化解，可讓他的脾氣降溫，也可成為永久知心朋友。

秋冬的水會傷人，但如庚子柱為自己的表達方式，不會傷人，若子在他柱(代表冬天)，說話會傷人。

辰為配偶宮，作投資事業都用老婆之名；有兩個工作場所(辰辰)一般稱辰辰自刑，但此為春天傳播之氣，所以事業，一間在台北，一間在高雄；工作的地方也可以住，但是他們會住在丑這間，因丑土生金，所以他們比較喜歡，也和兄弟姐妹一起住。

此局豪氣、有魄力，重情誼，一生求財必大。

# 午午自刑：

| 巳 | 午 | 未 | 申 |
|---|---|---|---|
| 辰 | | | 酉 |
| 卯 | 自刑 | | 戌 |
| 寅 | 丑 | 子 | 亥 |

午火為仲夏之季，為後天離卦，火旺脾氣比較大，有躁動行事之象，是坦蕩、直率之人，個性急躁、容易衝動，自我情緒管理不佳，日起日落之象，也含急速的現象。

午午自刑，喜歡直來直往、不愛拐彎抹角、脾氣來得快去得也快，但也因此容易傷及無辜，宜離開祖居地工作，會有不錯的磁場，週遭環境宜種植樹木，有加分的作用，也代表一種能量的轉移。

當午馬之人遇到午馬之人，容易產生競爭比較，暗中較勁，誰也不讓誰，如此易破壞結果，宜將競爭轉為互助，即能事半功倍。

## 酉酉自刑：

| | | | |
|---|---|---|---|
| 巳 | 午 | 未 | 申 |
| 辰 | | | 酉 |
| 卯 | 自刑 | | 戌 |
| 寅 | 丑 | 子 | 亥 |

　　酉為秋天肅殺之氣，兩酉形成雲霧、陰氣重重之象，但也如同樹木長成，而結滿了果實，所以是雲霧或是果實取結於之前是否有付出、有播種、耕耘。酉酉也代表果實過多，必須捨去一些不好的果實；有墮胎或兄弟不被重視之情性，為山地剝之卦之象，也含有「犧牲小我，完成大我」，乃捨去自我來成就兄姐，也含有「大義滅親」，因我而損掉週遭的親朋好友，但只要有開創事業，就會造就甲木，讓酉酉自刑，反而成滿滿豐收的果實。

　　所以當酉雞之人遇酉雞之人，如果只談八卦或內心的心事，很容易憂上加憂，如能談事業、開創、即能滿載而歸。

## 亥亥自刑：

| 巳 | 午 | 未 | 申 |
|---|---|---|---|
| 辰 | 自刑 | | 酉 |
| 卯 | | | 戌 |
| 寅 | 丑 | 子 | 亥 |

　　亥水相重也為積極主動擴展人脈之象，但亥水太過泛濫，又亥水有主動侵伐、破壞之性，所以很容易聊是非、八卦之象。兩亥水相重，很有企圖心，聰明、有智慧，但較有憂鬱、悲觀的個性，也較為放不下，遇到憂鬱困難時，容易有自殺的傾向，乃亥為十二辟卦坤為地六爻全陰之象，不見陽氣。

　　亥亥自刑會重覆一些沒有意義的事，也常常遇到前世的冤親債主，自覺有神通，其實是無形磁場作怪之象，有時是神精質大於神通。遇此格局之人，可用午馬來作為轉化，會產生良好的磁場。

　　亥亥的組合結構，可遇到志同道合的朋友，但容易花錢不知節制，乃不當的洩洪，易造成金錢、財務的流失，宜購買房地產保值。

# 第五篇.

## 六十甲子一柱論事業、公司、老闆

您知道你在上司的心目中是怎樣的一個人?老闆在你心目中又是哪一種的感受,當然只有你最了解,但本章節可以透過你出生日柱,也就是生日那天的天干、地支來了解,從這一天可以深入對事業、上司、老闆的互動關係,準確度達九成以上,不信的話,馬上透過萬年曆來查詢您的生日干支。

出生日干支的查詢,只要購買易林堂出版的「史上最便宜、最精準、最實用彩色精校萬年曆」查詢即可,本萬年曆為了慶祝首度創立發行,彩色、精裝版共576頁,原價650元,特優訂價320元,是史上最便宜的訂價。

## 出生日查詢法：

例如：民國 67 年國曆 10 月 13 日生，查易林堂出版的萬年曆彩色版 160 頁，為西元 1978 年、歲次戊午年、民國 67 年，161 頁找到國曆 10 月 13 日為農曆的 9 月 12 日，此日為戊申日，所以民國 67 年國曆 10 月 13 日生為年柱戊午年、日柱戊申日，找詢本書第 237 頁戊申日之人與上司的互動關係為：

日戊申之人與上司的互動關係：「我的老闆最大的原則就是沒原則，因為他的想法很容易被別人有所動搖，有時候真的很想扁他，但畢竟是我的老大，我也只能默默的接受，想想算了吧！多多看他的優點，學習他處理公事的魅力吧！希望老闆能看到我認真的一面，看到我為公司盡心盡力的表現」。

又例如：民國 76 年國曆 8 月 10 日，查詢易林堂出版彩色版 178 頁，為西元 1987 年、歲次丁卯日、民國 76 年生，在 178 頁找到國曆 8 月 10 日為農曆閏 6 月 10 日，此日為辛卯日，所以民國 76 年國曆 8 月 10 日為年柱丁卯年、日柱為辛卯日，找詢本書第 248 頁辛卯日之人與上司的互動關係為：

「日辛卯之人與上司的互動關係：在公司我能全立以赴，受到上司的讚賞，老闆非常的重用我，對我諸多的

期許，苦口婆心，但反而讓我感到壓力重重，深怕作不好，卻又出更多的錯誤，只能在找方法改善學習，才不會辜負老闆的期望」。

直接用萬年曆查詢出生日沒有交節氣(換月柱)的問題，但要注意的是如果晚上 23：00 過後到凌晨 00：00 前，此段時間要將日子往前進一日，也就是說假如原本 76 年國曆 8 月 10 日生為辛卯日，但出生的時間為 23：00 至 00：00 前 1 小時內生的人要查對 8 月 11 日的表格，此日變為壬辰日生，這是特別重要的，當然 00：00 過後就已變成國曆 8 月 11 日生了，直接查對 8 月 11 日生的表格即可。

**以下對於上司**、事業的心態感受，用於自我檢示與上司之互動。記得用萬年曆查詢出您的出生日，在對照此，就可知此人心態、事項如何了，在瞭解之前，必須先知道十天干的基本心態、個性、情性。

十天干是的顯現在外的一種行為，此為看得到的行為表現，用以瞭解人際關係的互動。

# 第一節. 甲木：

甲木為自然界財星，主宰財祿、感情、人際關係，也為指標性之代表。

甲是 1，屬木為陽，是高大的樹木，為放射、直來直往，頂天立地，突顯了外在的行為。

甲木為十天干之首，為純陽之木，氣勢雄壯，於人代表指標性人物、地方名望之人，於物代表凸顯的、指標性的，如：高大的建築物…等，如代表財，者屬大財…等，於樹代表樹幹，也為植物的根部，十天干中只有木有生命，所以又代表著人際關係；具有領袖的特質，在團體中通常是領導角色居多，喜歡凸顯自己的才能，領導別人，不喜歡被領導。

甲木之人個性鮮明，敢愛敢恨，直來直往，擁有很強的自我意識，有上進心，行動力十足，在一個團體當中，很喜歡被注意到，所以總給人光鮮亮麗的感覺；喜歡有挑戰性之人、事、物，不服輸，永不低頭的感覺。

　　對甲木之人而言，工作不只是為了賺錢，更是肯定自我、成就自我的必行之路，但一向喜歡明爭，不喜歡暗鬥，而且人際關係越旺盛，財運越旺。

　　甲木為陽木，陽也代表放射、釋放、明顯的、付出的、表現慾強，凡事表現於外，所以行事光明正大，心地善良仁慈，有責任感、為人海派，可承擔責任，承受壓力、抗壓性很強，喜歡照顧別人，因為心腸軟，所以常受人利用，也不懂得拒絕。

　　甲木的人相當在意另一半的長相，容易受到外表的誘惑，對於心儀之人，會鎖定目標積極的去追求對方，為對方付出，讓對方有被愛的感覺。

　　甲木不發少年人，乃為樹幹，成長緩慢，事業是透過累積而來；日主為甲木之人，要受到比他更為剛強堅毅之人的磨練，才能成大器，猶如木需金雕的道理一般，但以身體來論斷時，如受其他天干地支來沖剋，則身體上，頭和肝膽容易產生毛病，出現問題；甲木之人如果個子高大，也容易有無妄之災，因為颱風一來是突出的先受傷，所以甲木之人只要懂的謙卑，就能減少意外之傷了。

　　您出生日是甲子、甲寅、甲辰、甲午、甲申、甲戌的人，在上司的心目中是什麼樣的地位、角色、知彼知己，好好把握，很快您就是一位優秀的上司、主管了。

## 日甲子之人與上司的互動關係：

　　我與老闆的互動會帶給我成就與豐收，此互動關係卻也可以讓我學習到專業的知識，而得到傳承的事業體系，由於我不積極的個性，又可得到傳承，讓同事非常羨慕，同事說我是位有福氣之人。

## 日甲寅之人與上司的互動關係：

　　我是一位盡職之人，上司的出現帶給我無限的壓力與責任，致使讓我疲憊不堪，反正我本來就是一位優秀的開創先鋒，開創是我的專長，不在意這些小插曲，完成目標是我唯一的道路。

## 日甲辰之人與上司的互動關係：

　　也不知為什麼，無論我到哪家公司，都能快速進入核心，得到信任我的上司、老闆，能讓我發揮我的才能，到最後老闆反而將公司的一切託付予我經營，認為我是一位優秀的接班人，我也能經營的有聲有色。

## 日甲午之人與上司的互動關係：

我是一位相當有自信的人，在我的內心當中，只有我不要做的，沒有我不能做的。與老闆的互動佳，如同事業合夥人，共同為公司的願景努力打拼，創造出更好的成績。但宜作長遠之佈局規劃，免的到頭來終究一場空。

## 日甲申之人與上司的互動關係：

我總是將公司的一切重責大任一肩扛起，讓我無法自主，這是我的責任感所引起的，只能說：「能者多勞，賺錢真辛苦」，但總有雨過天晴的時候吧！如此反而得到老闆的讚賞，輕而易舉的進入公司的核心。

## 日甲戌之人與上司的互動關係：

我是公司的支柱，也是同事們的指標性人物，沒有我細心的付出與努力，老闆很難有輕鬆自在的休閒時間，雖然偶而會給老闆一些人事壓力，但必竟我是一位盡職之人，也因此讓我成為一方之霸，變成同業中可敬的對手。

## 第二節. 乙木：

乙木為自然界財星，主宰財祿、感情、人際關係，也為侵犯之象。

乙是2，屬木為陰，在天為巽為風，在地為小花草藤蔓之葉，韌性極強。

乙木屬小花草枝葉、也為草本藤蔓類的植物，性質較柔弱，但韌性極強，適應能力也強，能屈能伸，自我恢復力佳，而且懂得攀附，借力使力。

乙木屬陰木，陰代表吸收、收藏、收納、內斂，可藉由甲木（名望之人）而吸收營養，成就自我；所以日主為乙木之人，懂得順勢而上，所效命之上司愈有權勢，對懂得攀附的乙木而言也愈有利、愈能得到權貴，如同藤蔓能藉攀附喬木而扶搖直上的道理是一樣的，而且乙木遇到丙火太陽，也能有速成之功。

乙木之人，外柔內剛，在八卦屬巽，巽為利市三倍，主快速，成長快、行動快、反應快，但內在溫和謙柔，懂得蓄勢待發，外表安靜成熟不多話，讓人有距離感，個性保守務實，有一種神祕的感覺。

出生日乙木的人，有相當好的審美觀，能吃苦耐勞，只要是自己所認定的事，絕對會認真專心的去實

行，不易向他人妥協；行事喜歡默默進行，不愛出名，較為沉著，懂得順勢而上，而且擁有良好的人際關係，對理財有一套。

乙木之人，喜歡思考，好交朋友，行事作風保守有計劃，在感情上，乙木之人比較重視異性的內涵和氣質，因自身的個性是屬於喜愛浪漫情趣之人，所以也常會選擇與自己一樣重視實質生活的對象，而且很在意感覺，感覺對就大膽的釋放。

乙木之人有相當好的推演能力，屬穩紮穩打型，不愛冒險和臨時抱佛腳，對於人脈的經營十分謹慎，也懂得適時抓住機會，不符合自己標準的人，通常會對他敬而遠之和保持距離，在工作上喜歡當幕後老闆，也較適合擔任輔佐策劃的幕後角色，謀略高，喜歡暗爭，不喜歡明取，這是乙木的特性。

乙木之人在身體上需多注意手、腳、肝臟和脖子方面的毛病，所以只要把十個手指頭顧好，就會有好運勢，而且財源廣進。乙木不過冬，所以每逢冬天或亥、子、丑年，乙木是很容易受傷的，如同樹木到了冬天，枝葉凋零，所以此時凡事宜保守。

　　您出生日是乙丑、乙卯、乙巳、乙未、乙酉、乙亥的人，在上司的心目中是什麼樣的地位、角色，知彼知己，好好把握，很快您就是一位優秀的上司、主管了。

## 日乙丑之人與上司的互動關係：

　　雖然我喜歡這份工作，對工作的盡責及專業，總是無人可比，但每當老闆的出現，總是帶給我無比的壓力，及內心的忐忑不安，但無形中我也能帶給老闆無比的安逸感。

## 日乙卯之人與上司的互動關係：

　　輕鬆、幸運及成就感是我的座右銘，我常以工作為家，全心投入公司的營運，但我也算是公司的福星貴人，只要加把勁總是帶給老闆相當大的豐收與喜悅，年年營造出更亮麗的成績。

## 日乙巳之人與上司的互動關係：

　　少年得志的我，能與老闆同進同出，真羨慕不少同事，但總是成為同事間的茶餘飯後的閒聊對象，讓我不得不自我約束，為了與同事相處融洽，就盡量不要光芒畢露，還是謙卑為要。

### 日乙未之人與上司的互動關係：

與老闆、同事不分彼此，如同在大家庭生活，大家為共同的理念一起打拼，就是要為公司創造出更好的成績及利益，公司也因為我的加入，而得到更多的客源，我也因而得到優渥的薪資。

### 日乙酉之人與上司的互動關係：

總是有那一種甜蜜負擔的感覺，為公司、老闆付出本來就是我該盡的責任，而且我也能以誠信對待週遭的同事、朋友，得到諸多的好評，也因此造就了我得到了喜悅與職位。

### 日乙亥之人與上司的互動關係：

我是老闆最有利用價值、盡心、盡力的同事伙伴，而且能快速融入公司運作，雖然能得到重視與肯定，但總是有做不完的工作壓力，只能說：「老闆很有福氣，能請到我這位良將」。

# 第三節. 丙火：

丙火為太陽，代表自然界官祿之星，主宰名望、地位、權勢。

丙是3，屬火為陽，在天為耀眼的、明亮的、發光的、奪人眼目的，在地為知名度高的明星、政府官員、政治人物。

丙火屬太陽為陽火，陽火代表直射、放射、釋放、表現、為無私的太陽之火，純陽之精，五陽之最，在地支代表巳火為乾卦六陽之氣，其充滿光輝的熱能，四處放射，無所不照，大愛無私、無我，不懂的拒絕，只懂得付出。

丙火在感情上，幽默風趣是個戀愛達人，充滿熱情，喜歡俊男美女，屬於主動桃花，對於心儀之人，他總是懂得用無比浪漫和體貼來擄獲對方的心，但丙火之人的熱情往往無法持久，戀情總是來得快，去得也快，有時自己還不知為了什麼。

丙火之人，開朗樂觀，感情豐富，對人熱情大方，有禮貌，具有勇於冒險的精神和戰鬥力，對新奇之人事物充滿興趣，但因屬火性格急躁，思考方式單純直接，不懂拐彎抹角，常因自己的快言快語而得罪人，也容易衝動誤事，時常衝過頭。

　　丙火之人天生好客，喜歡幫助別人，但卻不懂的拒絕，凡事全包、全攬、效率差，但領悟力及反應力佳，都比同輩之人略勝一籌；喜歡閱讀文學，一生天生愛好自由，不受拘束的個性，讓丙火之人在職場上，無法接受自始至終一成不變的工作性質模式，但工作性質如是自己的喜好，那丙火之人必定會使出渾身解數，以發揮自身最大本領及才華，完成使命。

　　所以日主丙火之人，不管是感情或是事業上，都必須讓他有高度的興趣，才能使他有動力持續下去，丙火之人在身體上，容易有高血壓和肩膀酸痛及近視、眼睛、牙齒的毛病及急燥症。宜儘早防患、治療、保健。

　　您出生日是丙寅、丙辰、丙午、丙申、丙戌、丙子的人，在上司的心目中是什麼樣的地位、角色、知彼知己，好好把握，很快您就是一位優秀的上司、主管了。

## 日丙寅之人與上司的互動關係：

　　我是位盡責的人，也是位敢於開創、革新的勇士，雖然老闆欣賞我的魄力也得到老闆的關心與重視，但卻無法了解他那反覆無常的個性變化，總是不知老闆心裏在想什麼。

## 日丙辰之人與上司的互動關係：

　　公司在我積極的行動力上，我造就了公司業績快速的提升與進步，也能讓公司陷入障礙，製造無人可取代的地位，雖然公司大小事我都能擺平，但有時內心還是覺得無比的空虛感。

## 日丙午之人與上司的互動關係：

　　公正無私是我的座右銘，是同事間的包青天，但反而讓老闆心生恐懼，怕我讓他消失於工作中，取代他的地位，我只能用謙虛、低調的行事風格來完成使命，減輕他內心的壓力吧！

日丙申之人與上司的互動關係：

　　自在、隨性、有實力是老闆、同事給我的封號，但我是一位願意付出、事必躬親的人，老闆的奮鬥史是我智慧、行動力的來源，我也是老闆心目中的奇才，製造好的業績，鞏固了公司在業界的地位。

日丙戌之人與上司的互動關係：

　　我的思考邏輯總是與上司南轅北轍、差異極大，但我喜歡聽從上司的指示與建議，因為老闆會用以往的經驗與我溝通互動，此時會讓我得到智慧與滿足，而全力以赴為公司付出，也讓我疲於奔命，以公司為家。

日丙子之人與上司的互動關係：

　　最了解我的人竟然是我的老闆，彼此間有工作上的契合與互動，但有時候也因老闆的出現，使我變得更迷糊，乃因老闆的情緒起伏時常讓我無法了解，我也只能接受這個事實，用我的專業、用我磁性的聲音來轉化老闆情緒的起伏，也因而化解了這個壓力。

## 第四節. 丁火：

丁火為月亮，代表自然界官祿之星，主宰名望、地位，屬於掌控型。

丁為 4，屬火為陰，是太陽所留下的餘溫，為氣場、磁場，電能、能量…，一切摸不著，而存在的東西。在地為燈光、溫度、蠟燭。

丁火屬陰火，陰代表吸收、收藏、收納、內斂，吸收著太陽的溫度，為燈燭之火，熱度集中，火光不烈，但星星之火可燎源，是太陽所留下的溫度，與丙火同存之時，丙之火光會將丁火掩蓋，使丁火無法彰顯其光芒，稱之丙奪丁光。

丁火之人有很好的環境適應能力，是甲木的貴人，是甲木的來源，能讓甲木成長茁壯，但本身沒有安全感。丁火容易接受不同的意見和建議，雖然丁火有些善變之心，容易三心二意、行事反覆不定，但也相當合群，懂得同心協力共同完成任務，在工作上是個配合度高的好伙伴，在小團體中，也易成為領導人物。

丁火之人做事重視效率，只要答應於人，必如期完成。丁火之人相當感性和重視精神生活與品味，個性溫和內向又親切，但容易消極悲觀和優柔寡斷，對於喜愛之事，總是奮不顧身的投入其中，常因感情用事而作出錯誤判斷。

丁火之人能過目不忘，尤其是丁未之人，讀書讀大綱，懂得抓住重點，擁有豐富的感情，對愛情更是充滿了幻想和憧憬，一旦戀愛，就會把所有心思投入感情中，不斷的為對方付出，因對愛情的期望太高，當無法得到相同的對待和回應之時，就會鑽牛角尖搞憂鬱，有玉石俱焚的心態，常因此而在情路上受到挫折和受傷。

丁火之人有口舌之災，講話情緒化，對週遭的人、事、地、物沒有安全感，所以常用言語或口不遮言的方式掩飾內心的不安全感。

丁年出生或日主為丁火之人，常到戶外接觸大自然，多運動，在財運上較能穩定，而且會有意想不到的收獲；在身體上，則需多注意胸部和心臟、血液循環、血壓、小腸、眼睛方面的毛病。

丁火屬晚上之情性，所以事業體不可為大，宜小事，不可大事，門面不宜太亮麗，宜保守為大吉；丁火是月亮之性，很怕丙火太陽奪走其光芒地位(丙奪丁光)，宜放開心胸行事，不宜自造口業。

　　您出生日是丁丑、丁未、丁巳、丁未、丁酉、丁亥的人，在上司的心目中是什麼樣的地位、角色、知彼知己，好好把握，很快您就是一位優秀的上司、主管了。

## 日丁丑之人與上司的互動關係：

　　我是老闆口中最固執、最會唱反調的那位伙伴，其實那是老闆您自己的感受而以，我的堅持也是為了公司整體營運，老闆您也心知肚明，能體諒我那固執的可愛，因為您不用親臨現場，我能為您打點，讓您放心自在。

## 日丁卯之人與上司的互動關係：

　　與上司有共同的默契共、更同的理念，能得到老闆的信任，因為現在的我，就如以前的他，就好像看到他的影子，這也是他在同事間老生常談的口頭禪吧！但也因此得到上司的授權，使我無後顧之憂為公司付出。

## 日丁巳之人與上司的互動關係：

　　與上司會有良好的互動，老闆的思維與決策總是能讓我心服口服，而且我是他的手腳功能，又配合我的才能、相輔相成，名正言順的成為老闆最好的代言人，也因此造就了公司良好的業績，成為公司最亮眼的一份子。

### 日丁未之人與上司的互動關係：

與老闆是最好的搭擋，因為我過目不忘，能創造出被利用的價值，有時也因為我沒有安全感，而產生情緒的變化；我害怕失去舞台，常常會用言語來保護自己，是老闆又愛又恨的頭痛人物，我也知道自己所引起的口舌是非，但只能說是咎由自取，還是不道別人長短為妙吧！

### 日丁酉之人與上司的互動關係：

創造價值本來就是我的責任，而且我相當的有自信，也願意這麼做，且是沒有任何理由的，因為他是我尊敬的老闆，且他又很照顧我，常說我很好命，也懂得犒賞自己。在公司讓我學習到如何理財，也創造出公司更多的附加價值。

### 日丁亥之人與上司的互動關係：

工作是我的樂趣，也全心投入了事業，一心一意執行任務，因為老闆帶給我自信和快樂以及成就，比家中的親人更了解我，而且是正面積極的上司，我也能將工作如期完成，創造出好的利潤，而得到公司的賞賜，成為公司的核心幹部。

# 第五節. 戊土：

戊土高山，代表為自然界的印星，主宰宗教、蔭星與心靈之層面。

戊為5，屬土為陽，為高山之硬土，不容易鬆軟，思想固執保守，不容易攻破心防，不容易改變思想，中年以後較容易接觸神佛宗教。

戊為高山之土，是地表因不同的溫度地熱產生隆起的突出物，通常是指高厚剛燥之硬土，戊土之性質，能容納培植參天的大木和樹林，有泰山之勢，戊土之人固執，思想保守，個性沈著冷靜，擁有很大的包容力及耐力，行事按步就班，中規中矩，個性一板一眼、喜歡固定工作模式，不愛創新或多管閒事。

戊土之人，相當重視信用和節操，人生態度也較為保守和正面，潛在著我行我素和不聽建議的固執，在事業上需要能配合他那小任性的搭擋，或是從事固定模式的工作事務。

　　出生年個位數是 7 的人或是出生日是戊土之人，在感情上不懂浪漫情趣，不夠溫柔體貼，較固執己見，不易溝通，較容易有大男人主義或大女人主義的傾向，尤其遇到出生年個位數是 4 的人或出生日是乙木的人，完全是無法改變戊土的。

　　戊土在戀愛中喜歡掌控對方的慾望及表現，因此對象如果不是小女人或小男人的話，這段戀情是很難維持的下去，建議還是多聽對方的感受，才能天長地久。

　　日主為戊土之人，水為其財星，可在辦公室之北方放流動的水，可增加財源。戊土之人想要求財就不能太固執、被動，要多元化，要接受多方面的建議和懂得應變、柔軟。

　　戊土日生人，在身體上是容易會有胃腸、脾及腹部和肋骨與皮膚方面的毛病，皮膚上易長斑、痘，宜小心防範、保養。

　　您出生日是戊子、戊寅、戊辰、戊午、戊申、戊戌的人，在上司的心目中是什麼樣的地位、角色，知彼知己，好好把握，很快您就是一位優秀的上司、主管了。

## 日戊子之人與上司的互動關係：

　　我對工作抱著學習的態度，但老闆對我束手無策，常說：「不知要如何跟你溝通？」其實我是位負責、認真、願意學習的人，而且我喜歡將我知道的與人分享。我相信只要透過認真努力的學習，一定會改變上司對我的觀念，而且能將所學教導同事、伙伴。

## 日戊寅之人與上司的互動關係：

　　打從我內心，我常自傲，能請到我的人代表老闆很有福氣，因為我相當盡責、很有責任感，也很熱心為同事、朋友服務，能為公司、老闆無怨無悔的付出、工作，又能創造良好的業績，讓公司營運豐收，得到公司諸多的嘉勉。

## 日戊辰之人與上司的互動關係：

　　我是位勇於革新的開創者，因而得到很多的機會，我也從來不會拒絕別人。能與老闆並肩作戰，開創業務，雖然不喜歡老闆用老闆字眼來稱呼，但事實上老闆

對待我如同兄弟姊妹一般,而且老闆也不吝給我獎金與鼓勵。

## 日戊午之人與上司的互動關係:

我喜歡學習,而且是我每天必做的功課,因此能自我成就滿足。於公司能得到老闆的授權,但也常因自我主觀而破壞公司的遊戲規則,讓老闆儆感壓力重重,都怪我擅自作主,但我會改進、學習,以求完美。

## 日戊申之人與上司的互動關係:

我的老闆最大的原則就是沒原則,因為他的想法很容易被別人有所動搖,有時候真的很想扁他,但畢竟是我的老大,我也只能默默的接受,想想算了吧!多多看他的優點,學習他處理公事的魅力吧!希望老闆能看到我認真的一面,看到我為公司盡心盡力的表現。

## 日戊戌之人與上司的互動關係:

在事業體上雖然我有老闆、上司,但其實等同我是主導者,因為接到上司充份的授權,而能獨當一面擴展業務。我對事業的營運相當堅持、執著,處理事務直接快速,有很好的魄力,因而造就公司豐盛的營收,所以未來的目標,就是要創造出更亮麗的事業體。

# 第六節. 己土：

己土為平地，代表自然界的印星，主宰權利、感情、蔭星與包容。


己為6，屬土為陰，為田園、平原之鬆土、濕土，可塑性極高，個性固執，心胸寬大、包容性好、重感情。

己土為平地、平原、田園之土，土質鬆軟可承載萬物，並含多元化的養份，是容易栽培甲、乙木或各種植物的土壤，以及所有五行的生成源頭，一生求財的機會也很多。

己土之人，個性固執、強硬，重視實質的價值觀，內心充滿自信、主觀，己土之人外表斯文客氣、平易近人，這種固執、堅持的性格，並不易顯現出來，只有與他深交或較為親近之人才會發現他特有的性格。


己土之人，喜歡學習，因為興趣而成事業，才華洋溢，可塑性高，學習能力強又好學，無論從事任何的行業，只要全心的投入，都有不錯的成就，在職場上相當有自信，有自己的想法和原則，會全力捍衛自己的理念堅持到底，週遭的人很難改變他、也很難瞭解他。

己土之人思想固執，在任何方面都很有原則，唯獨在感情上就不是如此，正在熱戀之時會變的非常感性、非常體貼，會為對方著想，但在熱情冷卻之後，則會很快的回復他的理性、實際的那一面，因為己土認為有愛情也要有麵包，才能天長地久。

日主為己土之人，其貴人生肖屬鼠、屬猴，或姓名有此字根之人；要求貴人，就要懂熱情大方，乃火為印星，開朗樂觀，別太計較得失，就能得到貴人；要求財時則同戊土的方式，可在辦公室之北方放流動的水，但也必須放下身段，把尺度放寬，懂得應變就能得財，乃水主智也為流動、變化、柔軟。

而且戊、己土以水為財星，土太高水是無法進入的。在身體上，需注意腹部和脾臟及胃腸與皮膚方面的問題。宜儘早防範、保養。

　　您出生日是己丑、己卯、己巳、己未、己酉、己亥的人，在上司的心目中是什麼樣的地位、角色，知彼知己，好好把握，很快您就是一位優秀的上司、主管了。

## 日己丑之人與上司的互動關係：

　　我是老闆親信的人，也是其金主，因老闆的出現，可突顯我被利用的價值，也有機會發揮我的能力專長。我與老闆已成為密不可分的搭擋，我擁有資金來源管道，讓老闆免於無妄之災，而穩定事業，創造更好的獲利營收。

## 日己卯之人與上司的互動關係：

　　我與老闆如同情侶，因為我的能力好，而造成上司對我的依賴性，如果是同性，還容易被人誤以為是同性戀，其實我的目標是要讓公司更能穩定、更成長，我對於工作是負責的，而且與同事相處相當融洽。

## 日己巳之人與上司的互動關係：

　　我是一個重視完美的人，也很愛惜自己的羽毛，但每當老闆只要出現與我互動，我心裡就有數，因為下一個動作可能就是狂風暴雨了，如沒有颱風，反而我怕老闆會鬱出內傷來；同事常說一句話：「您在公司能得到

上司的認同，為什麼回到家中卻無法與另一半溝通？真怪！」

## 日己未之人與上司的互動關係：

我是公司的忠實員工，創造出公司、老闆的口袋滿滿，同事常說我可以當老闆了，因為我人際關係相當好，要說我很厲害嗎？其實是互相的福報好，要是我自己經營，可能也沒有那麼好的機會。

## 日己酉之人與上司的互動關係：

老闆說：「歪嘴雞，喜歡吃好的」，其實我不是來討債的，我只是知道如何犒賞自己而已，能賺錢又能享用，本來就是一種先天的福份，老闆也因為我改變生活觀念，知道工作之餘也要懂得休閒，公司才能永續經營，也因此老闆、上司過的更自在喜悅。

## 日己亥之人與上司的互動關係：

我不是不會、不是不能、也不是不敢，而是一位重視倫理的人，我只是不想表現、想默默耕耘而已，因為我怕一表現，其他同事會被盯上，也怕我的表現老闆會倍感壓力，無法下台階，因為我會一發不可收拾，因而引起山崩地裂、土石流。

## 第七節. 庚金：

庚金為能量，代表自然界的風、氣流，主宰人際、地位及權勢。

庚為7，屬金為陽，在天為颱風，強烈的氣流，傳播之氣，在地為將軍，在地底下為石油能源，也代表未成熟的果實。

出生年個位數為9或出生日為庚，都代表著庚金；庚金為風、為氧氣，也是一種傳播之氣，在人象為將軍，為人積極主動、樂觀，庚金堅硬剛強，在地為鋼鐵，是適合煉製刀斧、劍戟及硬性器具的金屬，庚金雖然沒有辛金的貴氣，但庚金可成大器，可為用途廣泛之金屬，它之實用度非辛金所能比擬，各具其功能性。

庚金之人天性較為陽剛、耿直、實在、無心機，個性剛毅果斷，偏向務實理性的他，不喜歡拐彎抹角，對於事情的批評總是一針見血，毫不留情，偶爾會給人一種囂張跋扈、專行獨斷的感覺，但這反而成為他成功的要素。

　　庚金之人行事作風積極、內斂，看起來有些無情冷漠不多話，但實際上是個敢仗義執言的人。庚金可成為一個執行者，而無法企劃，是一位優秀的專業經理人，責任心重，講義氣，看待事情的方式公正客觀，雖然脾氣不好，如同強風，但過境就好了，是個能信任的工作伙伴及管理人才。

　　庚金之人對愛情的期盼不大，也直接、坦白，乃將軍作戰淡薄感情而非無情，所以很難沈浸在愛情世界中，即使談戀愛也常因太過堅持自己的觀念，而和另一半產生口角及衝突，是屬於掌控慾強的野蠻情人，但這也是他固執可愛的一面。

　　日主為庚金之人，其貴人生肖屬牛、屬羊或姓名有此字根的人，要求貴人就要懂得包容和重視信用，乃土為其印星，行事要按步就班，才不會常去得罪別人，招眾怒。

　　日主庚金之人在身體上須戒怒，須注意大腸和臍輪、筋骨、肺、支氣管及牙齒這方面的問題，宜多加防範、保健。

　　您出生日是庚子、庚寅、庚辰、庚午、庚申、庚戌的人，在上司的心目中是什麼樣的地位、角色、知彼知己，好好把握，很快您就是一位優秀的上司、主管了。

## 日庚子之人與上司的互動關係：

　　我不是不會，不是不想做，也不是只想追求安逸，而不想付出之人，而是覺得凡事要先溝通好、制定好、規劃好再作執行，以免浪費時間、金錢。

　　溝通可增加感情、規劃可增加獲利，也因此與老闆成為死黨，成為忠實朋友的互動關係。

## 日庚寅之人與上司的互動關係：

　　老闆常說我缺乏執行力，其實是老闆求好心切、壓力過大，太過於緊迫盯人，如此的做法反而績效不彰而屯住不前，因為老闆您不用親自來督導，我會自我管理的，我會交出好的成績，來營造公司獲利。

## 日庚辰之人與上司的互動關係：

　　自我管理是最好的績效表現，因為我很有自信，能積極行事、自我管理、約束，老闆您可放心，不用坐鎮指揮，您一來大家反而效率不彰，因為我就是最好的指揮官，會開疆闢土，會為公司創造出好的業績。

### 日庚午之人與上司的互動關係：

　　我常常自我勉勵說：「不達績效、不犒賞自己」，也因此製造公司相當好的獲利，但老闆似乎不太了解我，常常親臨現場，其實我也知道，他是出至於關心，而非工作之考量，只要我認真的執行業務就對了。

### 日庚申之人與上司的互動關係：

　　我是一匹脫韁的駿馬，喜歡自我開創一片天，我也是一位大將軍，能為老闆開疆闢土，創造亮眼的成績，但老闆總覺得我不尊重他，其實我是為了業績而不在意小細節的人，我是為公司盡心盡力的，只是老闆不懂我積極、主動的心。

### 日庚戌之人與上司的互動關係：

　　很難與老闆溝通，老闆覺得我帶給他很大的壓力，他想自立救濟，其實老闆您錯了，我是位很有責任感、榮譽感很強的人，只是有自己的想法而已，要是老闆的想法無法改變，那我只好自立為王，因為我早已具備了領導者的風範。

# 第八節. 辛金：

辛金為貴氣，代表自然界的財，主宰財祿、名份、地位。

辛為8，屬金為陰，在天為雲霧病菌、病毒，在地為珠寶、貴氣，辛金之人重幻想，喜歡接觸五術、宗教，相信鬼神輪迴之說，他代表成熟的果實。

民國出生年個位數為10的人或生日為辛的人就有其辛金之特性；辛金在天為雲霧，含水份較重的氣體，在地為珠寶首飾之金，不及庚金之剛銳，卻有不容小覷的糾纏耐力與魅力，外表溫柔謙和有貴氣，較為平穩聰明、行事按步就班，個性實則堅強果斷，喜歡按表操課擇善固執。

辛金之人對於自己的目標，會以奮鬥不懈的精神去積極實行，對錢財很敏感，善於理財，很有儲蓄的觀念，但賺錢以感覺為主，感覺對沒錢也沒關係，感覺不對，在多的錢也不想賺。

辛金很重視自我原則，很能將事情調控得恰到好處，可是一旦碰到感情問題，就不是那麼有把握了，辛金之人，心思細膩，求財要懂得開創及創新，不可一成不變。

　　辛金之人常會在理性和感性之間掙扎不已，不過隨著社會歷練的加深，他可以很巧妙地在不傷和氣的情況下，製造跟情人的默契，使感情上的氣氛也會更加的融洽；日主辛巳的女命對老公很有一套，能讓老公服服貼貼的，但辛亥日生者反為情所困。

　　辛金在天象為雲霧，所以非常注重氣氛及感覺，遇見木成為果實。辛金之人，很重視團體生活，重視凝聚的力量，因為雲霧是匯集在一起的，而且對於工作用心，配合度高，因此很受上司長輩的喜愛，對於理想努力不懈的熱忱與耐力，讓他在專業領域裡能有很好的表現及亮眼的成績，讓才華表現無遺。

　　日主為辛金之人，貴人為屬馬與屬虎之人，或姓名有此字根的人；要求貴人則同庚金，要包容力和耐性，重視信用、重承諾，而且要積極行事。

　　辛金日主在身體上容易有肺部筋骨和支氣管、大腸、腫瘤方面的毛病，宜注意居家的通風，讓氣能通暢，自然身體與財運就佳。

　　您出生日是辛丑、辛卯、辛巳、辛未、辛酉、辛亥的人，在上司的心目中是什麼樣的地位、角色，知彼知己，好好把握，很快您就是一位優秀的上司、主管了。

## 日辛丑之人與上司的互動關係：

　　同事說老闆很凶，但我感受到的老闆如同我的家人，在工作上很容易溝通，對我講話和氣，完全像朋友，有時我反而覺得老闆很沒有主見、沒有脾氣，其實只是遇到我才如此吧！而且我也是公司的福星貴人。

## 日辛卯之人與上司的互動關係：

　　在公司我能全立以赴，為工作盡心盡力，因而受到上司的讚賞，老闆非常的重用我，對我諸多的期許，苦口婆心，但反而讓我感到壓力重重，深怕作不好，卻又出更多的錯誤，只能在找方法改善學習，才不會辜負老闆的期望。

## 日辛巳之人與上司的互動關係：

　　我會以工作為家，與上司、老闆有良好的互動，能得到老闆的賞識，雖然做事以感覺為主，感覺對會全力以赴，感覺不對在好的代價也不想要，但在公司還是，會以規定為主，一切按部就班、按表操課，是老闆心目中的好伙伴，並能為公司創造出獲利、佳績。

**日辛未之人與上司的互動關係：**

　　在工作上老闆會以我為主，尊重我的建議及決定，而且也常得到上司的呵護，相互在工作上創造利潤，成為坐領高薪的一員，同事相當的羨慕，其實我的壓力也只有我才知道，別人是無法了解的。

**日辛酉之人與上司的互動關係：**

　　我很重視公司的凝聚力，在專業領域裏有好的表現及亮眼的成績，是老闆最屬意的專業優秀人才，對於事業、工作相當執著，而且能捉住老闆的心，且老闆能為我改變原則、制度，因為我是公司的金雞母，年年創造公司豐富的營收。

**日辛亥之人與上司的互動關係：**

　　在工作上總是疏忽小細節的我，讓老闆產生情緒上相當大的反應，忽晴忽雨的個性，其實是因我挑起的，但老闆凡事也會為我們著想，因為老闆知道我只是快言快語，我對工作相當認真，事實上我也是公司優秀的伙伴，我希望能藉由學習，與伙伴產生更良好的互動。

# 第九節. 壬水：

壬水為動態之氣，代表自然界的食祿，主宰思考、記憶、魄力與侵伐。

壬為9，屬水為陽，動態的水、流動的水、江河、廣大的海水，如海嘯河水。

壬水為下雨後流動之水，也為海洋江河之水，奔騰流動，其水源源不絕，其性周流不滯，懂得變通，不怕遇到困難，有剛中懷德的特質。

壬水之人的實際性格會比表面上來得更為複雜、更難以捉摸，善變是他的最大特質，反應快，點子多，相當的有才華和智慧，記性好、適應能力強，包容性佳，但欠缺穩定性和持續力，作事常有頭無尾，容易半途而廢，只要將其缺點改掉，是別人眼中的可敬對手。壬水之人喜歡享受速度的感覺，宜多加防範。

日主為壬水或癸水之人，其貴人生肖屬兔、屬蛇或姓名有此字根的人；壬癸水之人要求財就必須主動、活潑、熱情，有禮貌，求事業要學習戊己土之人的穩重和守信用及重承諾，行事按步就班。

　　壬水之人，懂得掌握機會，愛好自由，不受拘束的個性，在感情容易三心兩意，無法定下來，雖然口才好，懂得甜言蜜語的他，總是能將情人安撫的服服貼貼，但也常因此發生感情的糾紛及困擾，但卻能安然度過危機。

　　出生年個位數為1的人或生日為壬日的人，都有其壬水之特性；壬水之人聰明靈敏，八面玲瓏的個性，使得他在群體生活中如魚得水，得到很多的機會，天生就是非常優秀的公關人才，能見風轉舵，除此之外，想法多變的他，也適合從事能夠盡情發揮的工作，適合設計、創意、行銷的工作。

　　壬水之人在身體方面，則需要多注意膀胱和泌尿系統的問題，以及筋骨酸痛的問題，宜多加的防範與保養。

　　您出生日是壬子、壬寅、壬辰、壬午、壬申、壬戌的人，在上司的心目中是什麼樣的地位、角色、知彼知己，好好把握，很快您就是一位優秀的上司、主管了。

## 日壬子之人與上司的互動關係：

　　老闆說：「你想到哪裏就做到哪裏，做事常常都沒有規劃」，其實是老闆您太過於保守、按部就班，山不轉路是可以轉的、路不轉人可轉，反正條條道路通羅馬，只要能幫助公司創造業績及財利，何樂不為呢？

## 日壬寅之人與上司的互動關係：

　　我從老闆的身上看到他的變通性，對事業經營的處理方式與平易近人，此時我卻覺得我常常浮動不安的特性，所以我要學習老闆的智慧、抗壓性及變通性、人脈的擴展，才不會沉溺不振，才能為公司製造出更好的獲利。

## 日壬辰之人與上司的互動關係：

　　我是老闆的得力助手，上司、老闆造就了我穩定的生活，也讓我掌握了權力與地位，其實這也沒有什麼，之所以會如此，是我懂得尊重上司，而讓老闆對我產生信任感，況且我對公司是盡忠的，一直以來，都為公司鞏固人際關係。

### 日壬午之人與上司的互動關係：

我能為公司創造出亮麗的業績，造就老闆連鎖事業體的飛黃騰達，也營造高額的獲利，老闆說我是他的福星，沒有我就沒有今天的公司、老闆，其實我也知道是老闆的誇獎而已，在工作職場上，本來就是魚幫水、水幫魚之作用吧！

### 日壬申之人與上司的互動關係：

我是老闆的印鈔機，擁有高速的轉率，是公司的支柱，創造了很多的記錄，我也知道我是將軍而不是主帥，為公司盡心盡力，本來就是應盡的義務，我只要一獨立，將失去所有一切，只能說是老闆真的很有福氣，能得到此部高速效能的印鈔機。

### 日壬戌之人與上司的互動關係：

我常讓上司、老闆抓不到我的心，其實我不是有意的，也不是故意製造與眾不同，只是我個性使然，我想擁有正、反面，陰及陽面的情性思考模式，如此才能讓我產生安全感。我也知道老闆很欣賞我，一直在訓練、教導我，希望我成為他最得意的接班人。

## 第十節. 癸水：

癸水為天降甘霖，代表自然界的食祿，主宰因果、記憶、才華與滲透。

癸為 10，屬水為陰，從天而降的雨露之水，在地為泉源小河，溪水、井水，容易卡陰，也容易感應到鬼神之事，第六感很強。

出生年個位數為 2 的人或生日為癸水的人，都有其癸水之特性，癸水為壬水所蒸發而聚集而成的雨露之水，細小柔弱，也易被吸收或蒸發，能滋潤大地及萬物，但遇己土不見木或火反成爛泥巴。

癸水之人，草木皆賴以為生，可突顯被利用的價值。足智多謀，思緒細密，對任何事都相當敏感，擅於分析選擇對自己最為有利的情勢局面，個性保守，內向膽子不大，喜歡沈溺在自己的幻想世界，癸水之人天生就帶有前世因果循環，充滿宿命感，當然吉凶在於前世之福蔭或功過，所以和宗教緣份較深，學習東西很快，可成為五術高手。

癸水之人求財必須主動、熱情，宜多接觸名望之人，會得到意想不到的財富，但宜防財來財去，乃終究水剋火之情性，宜購買不動產或儲蓄保值。

　　癸水之人的心思與壬水之人同樣善變，想法總是天馬行空，喜歡追求根源，充滿獨特的創意，從不自我設限，對一成不變的固定工作，容易感到不耐煩及厭倦，沒耐性和毅力，專注力差，喜新厭舊；職場上適合彈性大，能夠自由發揮自身興趣的工作為主。

　　癸水之人對愛情內向被動，怕受傷害的個性，容易使他錯失良緣，可是一旦投入，就是個會以對方為先，為對方設想的好情人。對愛也充滿憧憬及嚮往，給人感覺親切溫順，容易接近和相處。

　　日主為癸水之人或民國初生年個位數 2 的人，貴人為屬兔與屬蛇之人，或姓名有此字根的人；要求貴人就必須向務實理性積極，堅強果斷的庚辛金之人學習。

　　日主癸水之人在身體上，容易有腎臟、婦科及足掌方面的問題，也易有心臟及心血管之疾，宜多加防範做定期檢查保健。

　　您出生日是癸丑、癸卯、癸巳、癸未、癸酉、癸亥的人，在上司的心目中是什麼樣的地位、角色、知彼知己，好好把握，很快您就是一位優秀的上司、主管了。

## 日癸丑之人與上司的互動關係：

　　我是位不善溝通表達的人，喜歡用成績來證明我的能力，老闆常說我不積極，常用他創業成功的案例分享給我聽，希望我擁有他的影子，其實我想在幕後，做他最忠實的聽眾及助手，能跟在成功者的後面，是我最大的喜悅及成就。

## 日癸卯之人與上司的互動關係：

　　我擁有與老闆相同的理念和創意，我常給老闆很多建議及點子，研發很多的新產品，創造很亮眼的銷售業績，讓公司獲利，當然老闆也不吝給我獎勵與讚賞，所以我們的互動如同兄弟姊妹般的感情，沒有老闆與夥伴之分。

## 日癸巳之人與上司的互動關係：

　　我是完美主義者，希望每次的表現，都是完美無缺的；當老闆授權給予我時，我想把它作到最完美，但因此讓我壓力重重，我能讓老闆得到新的思維而突破、創

新，成就了公司，但也讓老闆產生很大的壓力，老闆也培育出我自創品牌的實力。

## 日癸未之人與上司的互動關係：

因為我的責任感使然，常常將公司做不完的工作帶回家中，讓我內外產生了壓力，但一切的壓力付出都是值得的，因為老闆非常的器重我，也因我懂得做該做的事，所以老闆把我當成為主力栽培、教育，希望我能成為一級主管。

## 日癸酉之人與上司的互動關係：

我是老闆得意的伙伴，我創造公司的利益及甜美的果實，讓老闆的理念可實現，但我卻是想當幕後的推手，不想浮出檯面，我不想搶了老闆的風采，我知道尺寸的拿捏，知道老闆與夥伴的關係，當然創造出公司更多獲利，是我應盡的責任。

## 日癸亥之人與上司的互動關係：

要說我不積極，不如說我不想出風頭，要說我搞小團體，不如說我較重視同事間的互動。我是一個學術的研究者，我只想默默耕耘，創造好的佳績；在此也要感謝老闆給我的機會與關愛，因為老闆真的很關心我，同事都說我是鬼靈精，其實我只是想的比較遠而已。

# 第六篇.
# 十神(六神)導引事象細節延申

　　學習五術、命理、陰陽宅、姓名學,若無法改變自己的事業、生活環境、經濟、財運及心性,那麼您應用的理論我敢直斷有偏差的、是錯誤的,您所學到的學術是偽訣,而非五術堂奧,此時我建議您可轉換跑道直接加入「太乙文化事業」的師資班終身學習行列,目前全省沒有任何一個老師敢保證教學的成功率,只有太乙敢保證教學的成功率,我們的成功率已達90%,此90%的成功率是包括已培訓成為職業老師,以及有開館在幫人論命收費的,而另外10%是有自己的事業在經營,所以是學習來運用在自己人際互動與抉擇使用而沒收費服務,此沒有收費服務,我稱為不成功的10%,這就是來「太乙文化事業」學習八字的成果。


　　我們在為客戶論命解盤時,除了十天干及十二地支本身的特性、屬性要應用外,十神的涵義生成事象及管道是非常重要的、不可缺少的,但也並非一見流年逢印星,即論此年買房子或求學,也非見流年遇食、傷星,即論該歲該年才華展現如意或不如意,遇財星入命也非得財或破財,遇官殺入命也非意外或官符。

十神主宰的流年，與八字原局產生交互作用時，就產生了財、官、印、比、食的生剋作用，有可能剋出（我剋出財星）、生出（我創造生出食傷）、洩出（我洩出印星）、引出（我周折引出官星）或突顯出（比劫遇比劫）其它十神的事象來。

就如同學習五術（我們稱印星入命），學了不一定會（要知有沒有導引出食傷），但不學（不去引動印星）一定不會，其學習成果之重心，主要在於老師的教導切入方式（老師的八字要有食傷，且食傷有要財星導引出）及有沒有東西可教（有無食傷洩秀），以及學生有沒有認真（印星生比劫生食傷）也就是說其事象之主要，並不一定直接落在流年所屬的十神之上。

流年與原局的交互作用，有時會以命局中的某個十神為主導前因，而以流年中的某個十神為事象結果，有時也會反過來以流年中之某個十神為催導前因，而以原局中的某個十神為事象結果。甚至，大多數時候，流年與原局間還經常發生多重事象後果之情形，譬如：在同一年當中創業又結束營業，結婚但長輩死亡，既結合又喪離，既順心又失意，既賺錢又破損……等。

如此,到底事象的生成是否有無一定的管道或共通的脈絡可尋呢?答案當然是肯定的;我們以日主當成比劫,那生成的管道為比劫會生食傷,食傷生財星,財星生官殺,官殺生印星,印星生我比劫。

那麼以相剋的管道為比劫剋財星、財星剋印星、印星剋食傷、食傷剋官殺、官殺剋比劫。

以下將以十神為主體,詳細解釋財星、官殺、印星、比劫、食傷這些十神,如何生成導引、相剋出彼此相關之事象;讀者只要購買「史上最便宜、最精準、最實用精校萬年曆」(易林堂出版),對照您的生日及八字,就可精準解讀出您的重要人生方向了。


# 第一節. 財星的生成事象及管道

如果以甲、乙木當成日主時,稱為我,我生者為食神,為丙、丁火。我剋者為財,為戊、己土。剋我者為官,為庚、辛金。生我者為印,為壬癸水。同我者為比、劫,為甲、乙木。

**以財星當為主體時:**

1. 食傷生財星(火生土)。 2. 財星助財星(土助旺土)。
3. 官殺洩財星(金被土生)。4. 印星被財星所剋(水被土剋)。5. 比劫剋財星(木剋土)。

以下我們將它引申為：

（1）「食傷」可以創造生出財星之事象。

（2）「財星」可以加強突顯財星之事象。

（3）「官殺」可以間接引出財星之事象。

（4）「印星」可以周折導出財星之事象。

（5）「比劫」可以極力剋出財星之事象。

以上為十神生剋要訣，需熟習才能應用自如。


　　我們如單純以本身為主因時，賺錢、求財、利益來引申，且其吉凶後果暫時避開不談，那麼，一般人賺錢、求財之方式，通常有五種。

以下我們以甲、乙木出生日作為比喻，那麼食傷就為丙、丁火，財星為土、官星為金、印星為水、比劫為木，其餘火、土、金、水同論。


　　以下表格內容應用是不同十個天干日主五行對應，以不同十神之生、剋、引、突之事象，來導引出不同六十甲子的特性。

## (1)以「食傷去創造生出財星」之事象：

如戊午、己巳柱以舞台的展現、才華、能力或一技之長來賺取金錢、獲得財利。

例如：我們學習命理、陰陽宅、五術之學術，發表著作、教授弟子，獲取學費、酬勞。學校的教師、教授利用教授知識，獲取財利。藉由所學的一技之長、才藝、能力賺取財利。作家、書法家，從事美容、美髮、美工、設計、佈置、畫家等之技術、手藝人員來獲得財利。發表演說、舞台表演者，藉由才華、才能謀取金錢、財利者……等，都是戊午、己巳柱的特性(以木日主而言)。

| 日主 | 六十甲子 | 以食傷去創造出財星之事象 |
|---|---|---|
| 甲、乙 | 戊午 | 地支火 生 天干土 |
| 甲、乙 | 己巳 | 地支火 生 天干土 |
| 丙、丁 | 庚辰、戌 | 地支土 生 天干金 |
| 丙、丁 | 辛丑、未 | 地支土 生 天干金 |
| 戊、己 | 壬申 | 地支金 生 天干水 |
| 戊、己 | 癸酉 | 地支金 生 天干水 |
| 庚、申 | 甲子 | 地支水 生 天干木 |
| 庚、申 | 乙亥 | 地支水 生 天干木 |
| 壬、癸 | 丙寅 | 地支木 生 天干火 |
| 壬、癸 | 丁卯 | 地支木 生 天干火 |

## （2）以「財星加強突顯財星」之事象：

如戊辰、戊戌、己丑、己未柱以現有的財富投資來創造財利。

例如：我們因辛苦有成，藉由買豪華名車來突顯自己的成就及財力、犒賞自己。買保險或持續的藉由保險儲蓄創造財富。如買賣不動產、土地投資轉手得到利益。如買黃金、基金、期貨、炒股票來獲得財利……等，都是戊辰、戊戌、己丑、己未柱的特性（以木日主而言）。

| 日主 | 六十甲子 | 以財星加強突顯財星之事象 |
|------|----------|--------------------------|
| 甲、乙 | 戊辰、戌 | 地支土 突顯 天干土 |
| 甲、乙 | 己丑、未 | 地支土 突顯 天干土 |
| 丙、丁 | 庚申 | 地支金 突顯 天干金 |
| 丙、丁 | 辛酉 | 地支金 突顯 天干金 |
| 戊、己 | 壬子 | 地支水 突顯 天干水 |
| 戊、己 | 癸亥 | 地支水 突顯 天干水 |
| 庚、申 | 甲寅 | 地支木 突顯 天干木 |
| 庚、申 | 乙卯 | 地支木 突顯 天干木 |
| 壬、癸 | 丙午 | 地支火 突顯 天干火 |
| 壬、癸 | 丁巳 | 地支火 突顯 天干火 |

## （3）以「官殺間接引出財星」之事象：

如戊申、己酉柱以事業經營或職位、責任、身份、權勢來賺取金錢利益。

例如：建商投標政府單位發包之工程獲得財利。自己開設公司經營事業營利。從事公務就職人員、顧問按月支領薪資獲取財利。議員、委員藉由權勢、機會、人脈開設公司成立事業體獲得財利者。藉由名望、地位、職務、權勢，為人解決困難，來賺取勞務費…等，都是戊申、己酉柱的特性（以木日主而言）。

| 日主 | 六十甲子 | 以官殺間接引出財星之事象 |
|---|---|---|
| 甲、乙 | 戊申 | 地支金 引出 天干土 |
| 甲、乙 | 己酉 | 地支金 引出 天干土 |
| 丙、丁 | 庚子 | 地支水 引出 天干金 |
| 丙、丁 | 辛亥 | 地支水 引出 天干金 |
| 戊、己 | 壬寅 | 地支木 引出 天干水 |
| 戊、己 | 癸卯 | 地支木 引出 天干水 |
| 庚、申 | 甲午 | 地支火 引出 天干木 |
| 庚、申 | 乙巳 | 地支火 引出 天干木 |
| 壬、癸 | 丙辰、戌 | 地支土 引出 天干火 |
| 壬、癸 | 丁丑、未 | 地支土 引出 天干火 |

## （4）以「印星周折引出財星」之事象：

如戊子、己亥柱以品性、信用、名譽、品質或在地品牌、品德修為來賺取金錢者。

**例如**：補習班利用教學補習學子而獲得學費。保險人員利用保單、契約而獲得財利。廠商自創品牌、聲譽，而獲得財利。代書透過文書、契約房產介紹而獲得財利。平常培養信用、誠信、名譽，取得銀行的貸款，獲得資金的運用……等，都是戊子、己亥的特性（以木日主而言）。

| 日主 | 六十甲子 | 以印星周折引出財星之事象 |
|------|----------|--------------------------|
| 甲、乙 | 戊子 | 地支水 受剋 天干土 |
| 甲、乙 | 己亥 | 地支水 受剋 天干土 |
| 丙、丁 | 庚寅 | 地支木 受剋 天干金 |
| 丙、丁 | 辛卯 | 地支木 受剋 天干金 |
| 戊、己 | 壬午 | 地支火 受剋 天干水 |
| 戊、己 | 癸巳 | 地支火 受剋 天干水 |
| 庚、申 | 甲辰、戌 | 地支土 受剋 天干木 |
| 庚、申 | 乙丑、未 | 地支土 受剋 天干木 |
| 壬、癸 | 丙申 | 地支金 受剋 天干火 |
| 壬、癸 | 丁酉 | 地支金 受剋 天干火 |

## （5）以「比劫極力剋出財星」之事象：

如戊寅、己卯柱，以體力、勞力、技術或名望、知名度、人際關係來謀取財利。

例如：汽車修護人員或其它技術人員靠技術賺取勞務費。種植蔬果、果樹、耕耘以期待豐收。建築、水電工人以勞力、技能、體力賺取勞務費。職業體育選手靠體能、體力爭取好成績並獲得獎金。業務運用知名度、人脈、人際關係的拓展來獲得財利…等，都是戊寅與己卯的特性（以木日主而言）。

| 日主 | 六十甲子 | 以比劫極力剋出財星之事象 |
|------|----------|---------------------------|
| 甲、乙 | 戊寅 | 地支木 剋 天干土 |
| 甲、乙 | 己卯 | 地支木 剋 天干土 |
| 丙、丁 | 庚午 | 地支火 剋 天干金 |
| 丙、丁 | 辛巳 | 地支火 剋 天干金 |
| 戊、己 | 壬辰、戌 | 地支土 剋 天干水 |
| 戊、己 | 癸丑、未 | 地支土 剋 天干水 |
| 庚、申 | 甲申 | 地支金 剋 天干木 |
| 庚、申 | 乙酉 | 地支金 剋 天干木 |
| 壬、癸 | 丙子 | 地支水 剋 天干火 |
| 壬、癸 | 丁亥 | 地支水 剋 天干火 |

　　以上五項，是以日主甲、乙木為主體，其它火、土、金、水四行的日主依此法同論，以財星單項所屬的「金錢、資產」及「感情意涵」而且這些與金錢的涵義相關之各種事象如下：

# 正財 ：我剋為正財、偏財 (金錢、感情)
# 　　　 (不同陰陽為正財)

**涵義方面：**代表我想要，而且我不得不去追求的地方（如上班就職），我必須操控的地方，但反而付出更多的體力，也未必得到更多的物質；代表我立志謀取的地方，我委屈求全的地方、我借地而居的地方，我造就別人、塑造別人的地方，是我積極要求、主導別人影響別人行為的地方，代表我想要的東西，是屬於積極主動控制，乃陰陽相吸為正財之故。

　　　　於六親定位法陰陽之屬性是非常重要的，沒有任何理由，不可東拼西湊來改變六親陰陽情性，要熟悉才能靈活運用，如果還不是很熟，請再回頭看八字時空洩天機－雷、風兩集，雅書堂出版。

正財功用：（一）生官殺（官殺間接引出財星）

　　　　　（二）洩食傷（食傷創造生出財星）

　　　　　（三）剋印（印星周折引出財星）

　　　　　（四）耗比劫（比劫極力剋出財星）

　　　　　（五）助財星（財星加強突顯財星）


實力方面：財星代表資產、金錢、財物，十天干為乙木
　　　　　的情性，代表固定性財源，但非常久性的財
　　　　　源，及一切不動產，以及自己勞務、勞動、
　　　　　固定所得的報酬，如上班就職所得到的收
　　　　　入。


人事方面：代表男命之感情、老婆、兄嫂、弟媳、姑母
　　　　　（父親之姊妹）；女命之感情、父親、伯叔，
　　　　　異性的部屬。


性情方面：常有自覺滿足之幸福感，代表節儉、憨直、
　　　　　謹慎、守本份取得之財物，委屈求全的取得。

# 偏財：我剋為正財、偏財(金錢、感情) (同陰陽為偏財)

**涵義方面：**代表我想要，但為可有可無的掌控，可有可無的追求、操控，但反而輕而易舉的得到，得到更多的物質。是我謀取的地方，我造就別人、塑造別人的地方，是我想要求、想主導別人、想影響別人行為的地方，代表我想要的東西，是屬於主動控制。

凡事讓我可有可無的掌控，讓對方接受、承擔、受限的一切人、事、物都稱之為偏財；凡是被我約束的(日甲遇戊)、管理的（日乙遇己）、控制的（日丙遇庚）、改造的（日丁遇辛）、阻擋的（日戊遇壬）、牽制的（日己遇癸），直接的、惡勢力的（日庚遇甲）、嚴屬的（日辛遇乙）、較為專制的(日壬遇丙)、破壞的(日癸遇丁)，我施予壓力的一切人、事、物都稱為偏財。

於六親定位法陰陽之屬性是非常重要的，沒有任何理由，不可東拼西湊來改變六親陰陽情性，要熟悉才能靈活運用，如果還不是很熟，請再回頭看「八字時空洩天機－雷、風兩集」，雅書堂出版。

**偏財功用：**　（一）生官殺（官殺引出財星）

　　　　　　　（二）洩食傷（食傷創造生出財星）

　　　　　　　（三）剋印（印星周折導出財星）

　　　　　　　（四）耗比劫（比劫極力剋出財星）

　　　　　　　（五）助財星（財星加強突顯財星）

**實力方面：**財星代表資產、金錢、財物十天干為甲木
　　　　　的特性。代表不定性、不在意性追求，但
　　　　　反而獲得更大，更穩定之財源及一切動，
　　　　　以及自己勞動、不固定所得的財物，但反
　　　　　而是大財。

**人事方面：**代表男命之女友、感情、父親、伯叔；
　　　　　女命之感情、婆婆、兄嫂、弟媳。

**性情方面：**代表慷慨、圓滑、幹練、豪邁、急躁，
　　　　　很有交際手腕，處理事務圓滑而機智。

# 第二節. 官殺的生成事象及管道

以官殺當為主體時1.財星生官殺。2.官殺助旺官殺。3.印星洩官殺。4.比劫被官殺所剋。5.食傷剋官殺。以下我們將它引申為：

（1）「財星」可以創造生出官殺之事象。

（2）「官殺」可以加強突顯官殺之事象。

（3）「印星」可以間接引出官殺之事象。

（4）「比劫」可以周折引出官殺之事象。

（5）「食傷」可以極力剋出官殺之事象。

以上為十神生剋要訣，需熟習才能應用自如，而且陰陽之情性不可不知。

我們如單純以本身之經營事業或追求權力、地位、權勢來做引申，不涉及其他人且其後果吉凶暫時避開不談，如此謀取事業、權力、地位、權貴、名望的習性，通常也有五種，以下我以丙丁火出生日作為比喻，那麼食傷就是土、財星為金、官星為水、印星為木、比劫為火，其餘土、金、水、木日主同論。

# （1）以「財星去創造生出官殺」之事象：

如壬申、癸酉柱，以物質或財利、金錢來謀取地位、權勢、位階。

例如：捐資財物贊助而成為董、監理事者。競選的民意代表、議員、立委。投資經營有成的企業主、老闆、董事長、總裁。財團興建大型量販店成為連鎖事業體。名望一方的地方財主。利用金錢購買保險，製造被利用的價值……等，都是壬申、癸酉柱的特性（以出生日為火遇到其它柱而言）。

| 日主 | 六十甲子 | 以財星創造生出官殺之事象 |
|------|----------|--------------------------|
| 甲、乙 | 庚辰、戌 | 地支土 生 天干金 |
| 甲、乙 | 辛丑、未 | 地支土 生 天干金 |
| 丙、丁 | 壬申 | 地支金 生 天干水 |
| 丙、丁 | 癸酉 | 地支金 生 天干水 |
| 戊、己 | 甲子 | 地支水 生 天干木 |
| 戊、己 | 乙亥 | 地支水 生 天干木 |
| 庚、申 | 丙寅 | 地支木 生 天干火 |
| 庚、申 | 丁卯 | 地支木 生 天干火 |
| 壬、癸 | 戊午 | 地支火 生 天干土 |
| 壬、癸 | 己巳 | 地支火 生 天干土 |

## （2）以「官殺加強突顯官殺」之事象：

如壬子、癸亥柱，以原有的地位、名望、權利、再擴展來取得權利、名望、地位、權勢。

例如：本身已有專業水平，不斷的招收學生、會員來鞏固職位和權利、名望，或如事業上或政治上運用權位、名望提昇權勢來鞏固權位；又如企業主參加組織團體，當組織之總會長、理事長、工會代表；或本身已有事業體，再開分店、連鎖店…等，都是壬子、癸亥柱的特性，此是以日主火而言，如果以金日主而言，者是丙午與丁巳支特性。

| 日主 | 六十甲子 | 以官殺加強突顯官殺之事象 |
|------|----------|--------------------------|
| 甲、乙 | 庚申 | 地支金　突顯　天干金 |
| 甲、乙 | 辛酉 | 地支金　突顯　天干金 |
| 丙、丁 | 壬子 | 地支水　突顯　天干水 |
| 丙、丁 | 癸亥 | 地支水　突顯　天干水 |
| 戊、己 | 甲寅 | 地支木　突顯　天干木 |
| 戊、己 | 乙卯 | 地支木　突顯　天干木 |
| 庚、申 | 丙午 | 地支火　突顯　天干火 |
| 庚、申 | 丁巳 | 地支火　突顯　天干火 |
| 壬、癸 | 戊辰、戌 | 地支土　突顯　天干土 |
| 壬、癸 | 己丑、未 | 地支土　突顯　天干土 |

# （3）以「印星間接引出官殺」之事象：

如壬寅、癸卯柱，以德譽、品德或形象、品性、文書、企劃來取得職位、權勢、名望、地位者。

例如：品性、品德學術相當好的教師、公職人員，而成為督學；廠商注重品質控管、而確立良好的品牌形象；優良產品參加比賽，利用名次彰顯地位。又如自身特別在意其人品、德性、品德之修養、因而得到社會地位…等，都是壬寅、癸卯柱，此是以火日主而言，如以木日主，者是庚子、辛亥之特性；如以土日主而言，者是甲午、乙巳之特性；如以金日主，者是丙辰、丙戌、丁未、丁丑之特性；如果以水日主而言，者是戊申、己酉之特性。

| 日主 | 六十甲子 | 以印星間接引出官殺之事象 |
| --- | --- | --- |
| 甲、乙 | 庚子 | 地支水 受生 天干金 |
| 甲、乙 | 辛亥 | 地支水 受生 天干金 |
| 丙、丁 | 壬寅 | 地支木 受生 天干水 |
| 丙、丁 | 癸卯 | 地支木 受生 天干水 |
| 戊、己 | 甲午 | 地支火 受生 天干木 |
| 戊、己 | 乙巳 | 地支火 受生 天干木 |
| 庚、申 | 丙辰、戌 | 地支土 受生 天干火 |
| 庚、申 | 丁丑、未 | 地支土 受生 天干火 |
| 壬、癸 | 戊申 | 地支金 受生 天干土 |
| 壬、癸 | 己酉 | 地支金 受生 天干土 |

# （4）以「比劫周折引出官殺」之事象：

如壬午、癸巳柱，以人脈、人際關係、體力、勞動或肢體功能來取得權勢、地位、名望。

例如：企業主管親自示範，深入基層與員工、部屬產生良好的關係，提升士氣，來鞏固權位。軍警視死如歸、抓歹徒、嫌犯由警察晉階升隊長、主管、署長；又如運動家、籃球國手林書豪用體能、戰技確保住其七連勝、保其籃球國手權位。參加選舉透過人脈及人際關係，順利當選民意代表，展現權貴…等，都是壬午、癸巳柱的特性，此是以日主火遇到壬午、癸巳而言。

| 日主 | 六十甲子 | 以比劫周折引出官殺之事象 |
|---|---|---|
| 甲、乙 | 庚寅 | 地支木 受剋 天干金 |
| 甲、乙 | 辛卯 | 地支木 受剋 天干金 |
| 丙、丁 | 壬午 | 地支火 受剋 天干水 |
| 丙、丁 | 癸巳 | 地支火 受剋 天干水 |
| 戊、己 | 甲辰、戌 | 地支土 受剋 天干木 |
| 戊、己 | 乙丑、未 | 地支土 受剋 天干木 |
| 庚、申 | 丙申 | 地支金 受剋 天干火 |
| 庚、申 | 丁酉 | 地支金 受剋 天干火 |
| 壬、癸 | 戊子 | 地支水 受剋 天干土 |
| 壬、癸 | 己亥 | 地支水 受剋 天干土 |

## (5) 以「食傷去剋出官殺」之事象：

如壬辰、壬戌、癸丑、癸未柱，以才華、能力、表現、智慧或一技之長來謀取權力、地位、名望。

例如：廚師一手好廚藝，而開設餐廳成為老闆。在校讀書，學習一技之長，經考試任職當才藝教師。或如個人精益求精在學術、才藝、能力上，一直受到聘用，成為主管或專業經理人。或以歌唱、技術、美髮、美容一切才藝成為連鎖事業體者。或透過專業才藝、演講、表演來鞏固其社會地位及權勢……等，都是壬辰、壬戌、癸丑、癸未柱的特性（以火日主而言）。

| 日主 | 六十甲子 | 以食傷極力剋出官殺之事象 |
|------|----------|--------------------------|
| 甲、乙 | 庚午 | 地支火 剋 天干金 |
| 甲、乙 | 辛巳 | 地支火 剋 天干金 |
| 丙、丁 | 壬辰、戌 | 地支土 剋 天干水 |
| 丙、丁 | 癸丑、未 | 地支土 剋 天干水 |
| 戊、己 | 甲申 | 地支金 剋 天干木 |
| 戊、己 | 乙酉 | 地支金 剋 天干木 |
| 庚、申 | 丙子 | 地支水 剋 天干火 |
| 庚、申 | 丁亥 | 地支水 剋 天干火 |
| 壬、癸 | 戊寅 | 地支木 剋 天干土 |
| 壬、癸 | 己卯 | 地支木 剋 天干土 |

　　以上五項，是以出生日丙、丁火作為主體（其它五行的出生日依此法同論），此是以官殺單項所屬的「權勢涵義」及「職位、名望、身份」，而且這些與官殺的涵義相關之各類象徵如下：

## 正官：剋我為正官、七殺（事業、責任） （不同陰陽為正官）

**涵義方面：** 在現實生活中，凡事讓我不得不接受，沒有理由的管教，管理的、約束的、控制的，改造的、阻礙的、牽制的、阻擋的、給予我壓力的一切人、事、物都稱之為正官。

　　　　　　於六親定位法陰陽之屬性是非常重要的，沒有任何理由，不可東拼西湊來改變六親陰陽情性，要熟悉才能靈活運用，如果還不是很熟，請再回頭看八字時空洩天機－雷、風兩集，雅書堂出版。

正官功用：　（一）生印(印星引出官殺)

　　　　　　（二）剋日主（攻身），剋比劫(比劫周折
　　　　　　　　　引出官殺)

　　　　　　（三）洩財（因其官由財而生，財星去創
　　　　　　　　　造生出官殺）

　　　　　　（四）耗食傷（耗費食傷的力量，食傷去
　　　　　　　　　剋出官殺）

　　　　　　（五）助官殺(正官加強突顯官殺)

實力方面：正官、七殺都代表經營、職位、身份、
　　　　　權勢。十天干為丁火的特性，代表公家
　　　　　機關學位、名譽、名望、地位、合作手
　　　　　段、權貴。

人事方面：代表家中男主人、家庭擔子、社會輿論、
　　　　　聲譽、禮數、警察、法律、上司、師長
　　　　　女命的丈夫、姐夫、妹婿。男命的女兒、
　　　　　姪女。

性情方面：代表自我約束、有規律、正直、保守、
　　　　　負責任、重紀律、守禮法。

# 偏官（七殺）：剋我為正官、七殺（事業、責任）（同陰陽為七殺）

**涵義方面**：凡事讓我可有可無的受限接受、承擔、壓力、責任的一切人、事、物都稱之為偏官（七殺），而且是同陰、同陽的相剋；七殺稱之較為直接的、惡勢力的（日甲遇庚）、嚴屬的（日乙遇辛）、專制的（日丙遇壬）、破壞的（日丁遇癸）、管理（日己遇乙）、約束的（日戊遇甲）、控制的（日庚遇丙），改造的（日辛遇丁）、阻檔的（日壬遇戊）、牽制的（日癸遇己）給予我壓力的一切人、事、物。

　　於六親定位法陰陽之屬性是非常重要的，沒有任何理由，不可東拼西湊來改變六親陰陽情性，要熟悉才能靈活運用，如果還不是很熟，請再回頭看八字時空洩天機－雷、風兩集，雅書堂出版。

七殺功用：（一）生印(印星導出官殺)

（二）剋日主（攻身），剋比劫(比劫周折引
出官殺)

（三）洩財（因其官由財而生，財星創造生
出官殺）

（四）耗食傷（耗費食傷的力量，食傷去剋
出官殺）

（五）助官殺(七殺加強突顯出官殺)

實力方面：正官、七殺都代表經營、職位、身份權勢。
七殺十天干為丙火的特性，代表權威、勢
力、名望、競爭手段。

人事方面：代表推廣教育的上司，社團的理事長、會長、
教官，人民團體的制度；敵人、競爭對手、
小人、惡勢力、苛刻的長輩上司。女命之兒
媳、夫家之姐妹、偏夫、男朋友。男命之兒
子、姐夫、妹婿、姪兒。

性情方面：代表不安全感、直接叛逆、敵對、不信任、
剛烈、偏激、嚴肅而好勝。

# 三、印星的生成事象管道

以印星當為主體時：1.官殺生印星。2.印星助旺印星。3.比劫洩印星。4.食傷被印星所剋。5.財星剋印星。以下我們將它引申為：

（1）「官殺」可以創造生出印星之事象。

（2）「印星」可以加強突顯印星之事象。

（3）「比劫」可以間接引出印星之事象。

（4）「食傷」可以周折引出印星之事象。

（5）「財星」可以極力剋出印星之事象。

以上為十神生剋要訣，需熟習才能靈活運用。


我們如單純以本身的品德、信譽、德善、鞏固名聲或品牌、形象、德望來作引申，且其吉凶後果暫時避開不談，如此建立聲譽、信譽、德善、形象的行為方式，通常有五種，以下我以戊、己土出生日作為比喻，那麼食傷就是金，財星就是水，官星為木、印星為火，比劫為土，其餘金、木、水、火同論。

# （1）以「官殺創造生出印星」之事象：

如丙寅、丁卯柱，以權力、地位、職務、名望來行事，建立品牌、形象、名譽、德善。

例如：現任會長佈施捐贈慈善團體，而獲得善名；立委或有職務權利者，利用職權之便，建立制度、規章。又如經由銀行來設定、抵押房子。或公司老闆為了提升公司效率、品質提升，利用職權叫員工上課學習而建立形象、品牌。應用職位來突顯自己的勢力以保護自己……等，都是丙寅、丁卯柱的特性（以戊、己土日主而言）。

| 日主 | 六十甲子 | 以官殺創造生出印星之事象 |
|---|---|---|
| 甲、乙 | 壬申 | 地支金 生 天干水 |
| 甲、乙 | 癸酉 | 地支金 生 天干水 |
| 丙、丁 | 甲子 | 地支水 生 天干木 |
| 丙、丁 | 乙亥 | 地支水 生 天干木 |
| 戊、己 | 丙寅 | 地支木 生 天干火 |
| 戊、己 | 丁卯 | 地支木 生 天干火 |
| 庚、申 | 戊午 | 地支火 生 天干土 |
| 庚、申 | 己巳 | 地支火 生 天干土 |
| 壬、癸 | 庚辰、戌 | 地支土 生 天干金 |
| 壬、癸 | 辛丑、未 | 地支土 生 天干金 |

## （2）以「印星加強突顯印星」之事象：

如丙午、丁巳柱，以既有的品牌、形象、名譽、德行再擴展其形象、名譽及品牌。

例如：用來保護房子權力範圍的權狀。知名的代書，再去考試進修，而得到好的聲譽、名次，增加代書的專業形象。具公信力，做調解委員、普施民眾。軍中的輔導長，輔導軍中的士兵，讓士兵情緒得到穩定、安逸下來。學校的教師，再去進修考試而得到好的學術教育學子。都是丙午、丁巳柱的特性(以戊、己土日主而言)。

| 日主 | 六十甲子 | 以印星加強突顯印星之事象 |
|------|----------|--------------------------|
| 甲、乙 | 壬子 | 地支水 突顯 天干水 |
| 甲、乙 | 癸亥 | 地支水 突顯 天干水 |
| 丙、丁 | 甲寅 | 地支木 突顯 天干木 |
| 丙、丁 | 乙卯 | 地支木 突顯 天干木 |
| 戊、己 | 丙午 | 地支火 突顯 天干火 |
| 戊、己 | 丁巳 | 地支火 突顯 天干火 |
| 庚、申 | 戊辰、戌 | 地支土 突顯 天干土 |
| 庚、申 | 己丑、未 | 地支土 突顯 天干土 |
| 壬、癸 | 庚申 | 地支金 突顯 天干金 |
| 壬、癸 | 辛酉 | 地支金 突顯 天干金 |

# （3）以「比劫間接引出印星」之事象：

　　如丙辰、丙戌、丁丑、丁未柱，運用體力、勞力或體能、親力親為來得到好的名譽、形象、品牌。

　　例如：親自熱心參加救國團、慈善義工、義消、義警、救難隊、救生隊而獲得行善之善名；又如參加救生教練受訓來建立善名。參加體能運動比賽而獲的名次。透過技術鑑定，而獲得證書。親自發海報傳單，建立公司品牌形象…等，都是丙辰、丙戌、丁丑、丁未柱之特性（以出生日戊、己土而言）。

| 日主 | 六十甲子 | 以比劫間接引出印星之事象 |
|---|---|---|
| 甲、乙 | 壬寅 | 地支木　受生　天干水 |
| 甲、乙 | 癸卯 | 地支木　受生　天干水 |
| 丙、丁 | 甲午 | 地支火　受生　天干木 |
| 丙、丁 | 乙巳 | 地支火　受生　天干木 |
| 戊、己 | 丙辰、戌 | 地支土　受生　天干火 |
| 戊、己 | 丁丑、未 | 地支土　受生　天干火 |
| 庚、申 | 戊申 | 地支金　受生　天干土 |
| 庚、申 | 己酉 | 地支金　受生　天干土 |
| 壬、癸 | 庚子 | 地支水　受生　天干金 |
| 壬、癸 | 辛亥 | 地支水　受生　天干金 |

## （4）以「食傷周折引出印星」之事項：

如丙申、丁酉柱，運用才華、能力、付出、表現或一技之長來展現，得到名份、信譽、品牌、形象。

例如：道長進陞，用公開登刀梯的儀式，來建設形象，導出學習成果及道行而獲得聲譽。醫生義診、師長教育學子成為優秀的學生，命理師義相幫人解迷惑。將自己的能力、才華，透過教學、教導傳授。藝人明星為慈善所做的義演；藝術家、畫家、作家義賣作品，以幫助孤苦、學子；利用創作比賽而得到名次…；等，都是丙申、丁酉的特性。此是以出生日戊、己土而言。

| 日主 | 六十甲子 | 以食傷周折引出印星之事象 |
|---|---|---|
| 甲、乙 | 壬午 | 地支火 受剋 天干水 |
| 甲、乙 | 癸巳 | 地支火 受剋 天干水 |
| 丙、丁 | 甲辰、戌 | 地支土 受剋 天干木 |
| 丙、丁 | 乙丑、未 | 地支土 受剋 天干木 |
| 戊、己 | 丙申 | 地支金 受剋 天干火 |
| 戊、己 | 丁酉 | 地支金 受剋 天干火 |
| 庚、申 | 戊子 | 地支水 受剋 天干土 |
| 庚、申 | 己亥 | 地支水 受剋 天干土 |
| 壬、癸 | 庚寅 | 地支木 受剋 天干金 |
| 壬、癸 | 辛卯 | 地支木 受剋 天干金 |

## (5)以「財星極力剋出印星」之事象：

如丙子、丁亥柱，以現金或物質、金錢、價值來建立名譽、德善、品牌、形象。

例如：捐贈金錢成立圖書館、設立學校，佈施金錢、奉獻物資、救濟災民來行善修德；贊助慈善事業而獲得行善聲譽。產品花錢打廣告，製造品牌形象而獲得信譽、品牌、形象。為了知識、文憑、証書、証照，花錢補習、上課學習，或獲得智慧、証照、學歷……等，都是丙子、丁亥柱的特性，此是以土出生日為主；如以金出生日而言，就是戊寅、己卯柱的特性。

| 日主 | 六十甲子 | 以財星極力剋出印星之事象 |
|------|---------|------------------------|
| 甲、乙 | 壬辰、戌 | 地支土 剋 天干水 |
| 甲、乙 | 癸丑、未 | 地支土 剋 天干水 |
| 丙、丁 | 甲申 | 地支金 剋 天干木 |
| 丙、丁 | 乙酉 | 地支金 剋 天干木 |
| 戊、己 | 丙子 | 地支水 剋 天干火 |
| 戊、己 | 丁亥 | 地支水 剋 天干火 |
| 庚、申 | 戊寅 | 地支木 剋 天干土 |
| 庚、申 | 己卯 | 地支木 剋 天干土 |
| 壬、癸 | 庚午 | 地支火 剋 天干金 |
| 壬、癸 | 辛巳 | 地支火 剋 天干金 |

　　以上五項，是以出生日戊、己土為主體（其它五行的出生日依此法同論），以印星所屬的「形象涵義」及「名譽、品牌建立」，而且這些與印星的涵義相關之各類事象如下：

## 正印：生我為 正印、偏印(權利、保護)
## 　　　　(不同陰陽為正印)

涵義方面：代表不得不接受的接受的教育、學術，如同政府推行的九年或十二年國民教育；師出有名的權力(如軍公教上班者)，授到公證的文憑、証件，屬公家的；得到關照，扶持，即是給我，愛我，撫育我，蔭我，給我恩惠的地方，對我有助力的地方，是我被動接受的地方，不得不的地方。

　　於六親定位法陰陽之屬性是非常重要的，沒有任何理由，不可東拼西湊來改變六親陰陽情性，要熟悉才能靈活運用，如果還不是很熟，請再回頭看八字時空洩天機－雷、風兩集，雅書堂出版。

正印功用：（一）生比劫（比劫可間接引出印星）

（二）洩官殺（官殺可創造生出印星）

（三）剋食傷（食傷周折導出印星）

（四）耗財（財剋印稱之耗財，財星極力剋
出印星）

（五）助印星（正印加強突顯印星）


**實力方面**：十天干為己土的特性，代表精神層次，權力、
地位、靠山、後臺、聲譽、氣質、涵養、福
蔭、房子、汽車、貴人、學術與名譽。


**人事方面**：代表提拔我的長輩、貴人，助我增長學識的
老師。女命之祖父、女婿、孫兒；男命之母
親、外孫女。


**性情方面**：代表謙讓、溫文、慈祥、勤懇耐勞，重視名
譽、品牌形象、愛惜面子、隱惡揚善。

# 偏印：生我為正印、偏印（權利、保護）
## （同陰陽為偏印）

**涵義方面：**代表可有可無的教育、學術如同我們現在所學的五術、命理，社團、民營機關的教育、學習；較為師出無名的權力、不是公證的文憑，屬私人的；得到關照，扶持，即是給我，愛我，撫育我，蔭我，給我恩惠的地方，對我有助力的地方，是我主動接受的地方，但也代表可要不可要接受的地方。

於六親定位法陰陽之屬性是非常重要的，沒有任何理由，不可東拼西湊來改變六親陰陽情性，要熟悉才能靈活運用，如果還不是很熟，請再回頭看八字時空洩天機-雷、風兩集，雅書堂出版。

**偏印功用**：（一）生比劫（比劫可間接引出印星）

（二）洩官殺（官殺可創造生出印星）

（三）剋食傷（食傷周折引出印星）

（四）耗財（財剋印稱之耗財，財星極力剋
出印星）

（五）助印星（偏印加強突顯印星）

**實力方面**：十天干為戊土的特性，代表怪異、點子王、
第六感強、超俗、特殊領域。

**人事方面**：代表親族長輩、意外的助力，提拔我的長輩、
師長、老師。女命之母親、孫女；男命之祖
父、外孫男。

**性情方面**：代表憂鬱、疑慮、孤癖、重幻想、心意不定、
思想言行、成熟老練。

# 第四節. 比劫的生成事象管道

以比劫當為主體時：1.印星生比劫。2.比劫助旺比劫。3.食傷洩比劫。4.財星被比劫所剋。5.官殺剋比劫。以下我們將它引申為：

（1）「印星」可以創造生出比劫之事象。

（2）「比劫」可以助旺突顯比劫之事象。

（3）「食傷」可以間接引出比劫之事象。

（4）「財星」可以周折引出比劫之事象。

（5）「官殺」可以極力剋出比劫之事象。

以上為十神生剋要訣，需熟練才能靈活運用。

我們如單純以個人本身之人際關係、人脈之經營、處理自我肢體語言的表現、技能、身體與行動的模式來引申，且其吉凶後果暫時避開不談，者一般人對待人際互動及自我身體、身心、肢體語言的方式，通常也有五種，以下我以出生日庚、辛金作為比喻，那麼食傷就是水，財星就是木，官星就是火，印星就是土，比劫就是金，其餘水、木、火、土同樣以此延申。

# （1）以「印星創造生出比劫」之事象：

以信譽、德行、學習、名份、品性、修為來訓練自我身體或自我身心滿足及人脈經營之拓展。

**例如**：我們用信譽、道德、名節來節制不當言行舉止及過分滿足自身慾望之追求。透過學習來約束自身不當的肢體行為；又如透過神秘學教化的宗教信仰，來約束不當行為及物慾之追求，並獲得身心之寧靜與安逸、快樂；老師用學經歷、講授倫理道德來教育學子的行為。利用自身的信譽、品德來拓展人際關係…等，都是庚辰、庚戌、辛丑、辛未柱支特性，此是以日主為庚、辛而言，就是以信譽、名譽、品性、修為、教育來滿足身心。

| 日主 | 六十甲子 | 以印星創造生出比劫之事象 |
|------|----------|--------------------------|
| 甲、乙 | 甲子 | 地支水　生　天干木 |
| 甲、乙 | 乙亥 | 地支水　生　天干木 |
| 丙、丁 | 丙寅 | 地支木　生　天干火 |
| 丙、丁 | 丁卯 | 地支木　生　天干火 |
| 戊、己 | 戊午 | 地支火　生　天干土 |
| 戊、己 | 己巳 | 地支火　生　天干土 |
| 庚、申 | 庚辰、戌 | 地支土　生　天干金 |
| 庚、申 | 辛丑、未 | 地支土　生　天干金 |
| 壬、癸 | 壬申 | 地支金　生　天干水 |
| 壬、癸 | 癸酉 | 地支金　生　天干水 |

## （2）以「比劫助旺突彰顯比劫」之事象：

如庚申、辛酉柱，以現有的人際關係或既有技藝、肢體表現、來自我訓練身心或自我身心滿足慾望之追求。

例如：應用現有的人際關係，拓展人脈之經營。游泳選手每天訓練，鍛鍊技巧體能；體育射箭選手、舞蹈家或運動家經常追求訓練體能之鍛鍊、技能、技術與身體及自我身心滿足之成就；又如我們一直用工作、體力表現、肢體語言、勞動、訓練、體能、觸感、肉體之接觸…等方式以獲得身心成就與滿足；如常常騎腳踏車自我訓練體能；又如端午節前夕，每天體能訓練，划龍舟操練，以為比賽磨練，滿足身心之成就…等，都是庚申、辛酉柱之特性，此是以日元庚、辛而言，其它五行以此類推。

| 日主 | 六十甲子 | 以比劫加強突顯比劫之事象 | | |
|------|----------|--------|------|------|
| 甲、乙 | 甲寅 | 地支木 | 突顯 | 天干木 |
| 甲、乙 | 乙卯 | 地支木 | 突顯 | 天干木 |
| 丙、丁 | 丙午 | 地支火 | 突顯 | 天干火 |
| 丙、丁 | 丁巳 | 地支火 | 突顯 | 天干火 |
| 戊、己 | 戊辰、戌 | 地支土 | 突顯 | 天干土 |
| 戊、己 | 己丑、未 | 地支土 | 突顯 | 天干土 |
| 庚、申 | 庚申 | 地支金 | 突顯 | 天干金 |
| 庚、申 | 辛酉 | 地支金 | 突顯 | 天干金 |
| 壬、癸 | 壬子 | 地支水 | 突顯 | 天干水 |
| 壬、癸 | 癸亥 | 地支水 | 突顯 | 天干水 |

## （3）以「食傷間接引出比劫」之事象：

如庚子、辛亥柱，以才華、智慧、能力、表現或一技之長來訓練身體或自我身心滿足之成就。

例如：我們利用唱歌、跳舞或各種的才藝表現，來獲得享受身心之樂趣與成就。又如我們學習各種的才藝來訓練自己身體或滿足內心之成就。又如五術研究者或發明家、科學家一直研究探索新得學術理論，而從中享受滿足成就感；又如演講者在演講台上的肢體語言表現，而獲得聽眾的滿堂彩，又如透過演講表現，而讓人氣、人脈更旺盛，以滿足自身的成就…等，都是庚子、辛亥柱之特性，此是以日元庚、辛而言。

| 日主 | 六十甲子 | 以食傷間接引出比劫之事象 |
|---|---|---|
| 甲、乙 | 甲午 | 地支火　受生　天干木 |
| 甲、乙 | 乙巳 | 地支火　受生　天干木 |
| 丙、丁 | 丙辰、戌 | 地支土　受生　天干火 |
| 丙、丁 | 丁丑、未 | 地支土　受生　天干火 |
| 戊、己 | 戊申 | 地支金　受生　天干土 |
| 戊、己 | 己酉 | 地支金　受生　天干土 |
| 庚、申 | 庚子 | 地支水　受生　天干金 |
| 庚、申 | 辛亥 | 地支水　受生　天干金 |
| 壬、癸 | 壬寅 | 地支木　受生　天干水 |
| 壬、癸 | 癸卯 | 地支木　受生　天干水 |

## （4）以「財星周折引出比劫」之事象：

如庚寅、己卯柱，以物慾、感情、錢財、財物來訓練自身，來滿足身心之成就及人脈之經營。

例如：我們為了滿足慾望到世界各地去旅行、玩樂，來滿足身心及身體力行。我們購置體育用品、健身器材，以供手足訓練之使用，因而鍛練出身體各部位之肌肉健美。又如我們利用金錢、物質來滿足身體各部位之慾望，以及其他肉體各種身心方面的享受、滿足心靈之成就；又如我們購買轎車、機車，而享受那種奔馳之快感與成就；又如我們購買電子遊樂運動軟體，享受肉體手足運作之快感與成就……等，都是庚寅、己卯柱之特性（以日主庚、辛金而言）。

| 日主 | 六十甲子 | 以財星周折引出比劫之事象 |
|---|---|---|
| 甲、乙 | 甲辰、戊 | 地支土 受剋 天干木 |
| 甲、乙 | 乙丑、未 | 地支土 受剋 天干木 |
| 丙、丁 | 丙申 | 地支金 受剋 天干火 |
| 丙、丁 | 丁酉 | 地支金 受剋 天干火 |
| 戊、己 | 戊子 | 地支水 受剋 天干土 |
| 戊、己 | 己亥 | 地支水 受剋 天干土 |
| 庚、申 | 庚寅 | 地支木 受剋 天干金 |
| 庚、申 | 辛卯 | 地支木 受剋 天干金 |
| 壬、癸 | 壬午 | 地支火 受剋 天干水 |
| 壬、癸 | 癸巳 | 地支火 受剋 天干水 |

## （5）以「官殺極力剋出比劫」之事象：

如庚午、辛巳柱，以老闆經營者的職位及勢力、身份來自我身心的鍛鍊或自我身心滿足及人際關係、人脈之經營。

例如：政治人物、企業家或掌權者更加惕勵自己，珍惜自己，身體力行；又如位高權重者，為了使本身更有效率、身體更健康、更有活力，每天運動、跑步、游泳。又如執政者每天上班執行公務，身體力行於職務政權執行中；民意代表每天勤跑基層，以行動為市民服務、代勞。又如利用權勢、職位拓展人脈之經營，以鞏固自身之地位……等，都是庚午、辛巳柱支特性（以日主庚、辛柱而言）。

| 日主 | 六十甲子 | 以官殺極力剋出比劫之事象 |
|---|---|---|
| 甲、乙 | 甲申 | 地支金 剋 天干木 |
| 甲、乙 | 乙酉 | 地支金 剋 天干木 |
| 丙、丁 | 丙子 | 地支水 剋 天干火 |
| 丙、丁 | 丁亥 | 地支水 剋 天干火 |
| 戊、己 | 戊寅 | 地支木 剋 天干土 |
| 戊、己 | 己卯 | 地支木 剋 天干土 |
| 庚、申 | 庚午 | 地支火 剋 天干金 |
| 庚、申 | 辛巳 | 地支火 剋 天干金 |
| 壬、癸 | 壬辰、戌 | 地支土 剋 天干水 |
| 壬、癸 | 癸丑、未 | 地支土 剋 天干水 |

　　以上五項，是比劫所屬的「身體心靈」與「手足運作」及「人脈拓展」，而且這些與比劫的涵義相關之各類徵象，如下：

## 比肩：同我為 比肩、劫財(兄弟、客戶)
## 　　　(同陰陽為比肩)

**涵義方面**：此為手腳功能、身體、心靈與手足之運作，同五行同屬性、無輩份之分，平起平坐，互相牽引，有如同輩之互動與關心，人際關係好，彼此既合作也競爭，代表不在意的競爭，屬同實力、旗鼓相當的競爭對手，有時也因我的不在意而讓我損失更多，也代表最了解我的一位競爭者，知己知彼，因此難以預防。

　　　　於六親定位法陰陽之屬性是非常重要的，沒有任何理由，不可東拼西湊來改變六親陰陽情性，要熟悉才能靈活運用，如果還不是很熟，請再回頭看「八字時空洩天機-雷、風兩集。」雅書堂出版。

比肩功用：（一）奪財（財星周折引出比劫）
　　　　　（二）生食傷（食傷間接引出比劫）
　　　　　（三）耗官殺（因官殺剋比肩，官殺極力剋
　　　　　　　　出比肩）
　　　　　（四）洩印（因比肩由印而生，為印星創造
　　　　　　　　出比肩）
　　　　　（五）助比劫（比肩加強突顯比劫）


**實力方面：** 為十天干庚金的特性，代表堅定自己之立
　　　　　場，強調自我的價值，相當主觀，不願接
　　　　　受別人的意見。


**人事方面：** 代表非常了解我的客戶、朋友、同輩、事業
　　　　　上的夥伴、對內之感情，最了解我的人，內
　　　　　奸。女命之姐妹、妯娌；男命之兄弟、姑丈。
　　　　　同性之朋友、客戶。


**性情方面：** 代表崇尚自由、自主、冷靜、自私心與自尊
　　　　　心，自我意識較強，不易變通，不接受別人
　　　　　意見。

## 劫財：同我爲 比肩、劫財（兄弟、客戶）
## （不同陰陽爲劫財）

涵義方面：同五行無輩份之分，代表手腳功能、身體、
心靈與手足之運作。劫財爲平起平坐，互相
牽引，有如同輩之互動與關心，人際關係
好，彼此既合作也競爭；不同實力的競爭對
手，也代表主動的競爭對手，不得不接受的
競爭對手，因有預防反而損失更少，所以「比
肩」是比「劫財」這個十神更可怕的星宿，
因爲劫財不了解比肩，所以劫財對比肩的傷
害性沒有比肩對比肩的傷害性大。

於六親定位法陰陽之屬性是非常重要
的，沒有任何理由，不可東拼西湊來改變六
親陰陽情性，要熟悉才能靈活運用，如果還
不是很熟，請再回頭看「八字時空洩天機－
雷、風兩集。」雅書堂出版。

**劫財功用：** （一）奪財（財星周折引出比劫）

（二）生食傷（食傷間接引出比劫）

（三）耗官殺（因官殺剋比肩，官殺極力剋出比劫）

（四）洩印（因比肩由印而生，為印星創造出比劫）

（五）助比劫（劫財加強突顯比劫）

**實力方面：** 十天干為辛金的特性，代表人際關係的互動，現實與理想之衝突、衝動，強烈的操作慾與掌控。

**人事方面：** 代表不夠了解我的客戶、朋友或異性之朋友、同輩、事業上的夥伴、對外的感情。女命之兄弟、公公，男命之姐妹、兒媳。

**性情方面：** 代表有不重視社會規範，違規的性格傾向、執拗、嫉妒、不認輸、野心大、浮華不實、雙重性格，強烈的、執著的掌控慾。

# 第五節. 食傷的生成事象及管道

以食傷當為主體時： 1.比劫生食傷。2.食傷助旺食傷。3.財星洩食傷。4.官殺被食傷所剋。5.印星剋食傷。以下我們將它引申為：

（1）「比劫」可以創造生出食傷之事象。

（2）「食傷」可以助旺突顯食傷之事象。

（3）「財星」可以間接引出食傷之事象。

（4）「官殺」可以周折引出食傷之事象。

（5）「印星」可以極力剋出食傷之事象。

以上為十神生剋要訣，需熟習才能靈活運用。

如果我們單純以本身增益知能、才華、技能、一技之長、智慧、知識，擴展舞台的行式來引申，且其吉凶後果暫時避開不談，那麼，一般人擴增才能、知能、知識、智慧、一技之長，擴展舞台的方式，通常有五種。

以下我以出生日為壬、癸水作為比喻，那麼食傷就是木，財星就是火，官星就是土，印星就是金，比劫就是水；其餘木、火、土、金同樣以此延申。

# （1）以「比劫去創造生出食傷」之事象：

如甲子、乙亥柱，用自我本身的身體、體能、行動、肢體、本能、手足擴增智慧、知能、才華。

例如：我用手敲打樂器，表現出不同的旋律、才藝；跳肚皮舞、舞蹈表演、體操表演都是用身體的天賦來表現美麗的姿態才藝；棒球選手，用身體、手足展現高超的球藝。藉由本能及手、口、足與天賦意識，表現出各個不同的才能、才藝，如：唱歌、口技表演；又如老鼠本身會打洞、魚兒的本能會游泳，太陽出來會產生熱能、動力，花草樹木蓬勃而生，開出美麗的花朵…等，都是用自身的本能、身體、手足來展現美姿、美儀，所以是甲子、乙亥柱之特性，此是以日元壬、癸水而言，其它五行以此延申。

| 日主 | 六十甲子 | 以比劫創造生出食傷之事象 |
|---|---|---|
| 甲、乙 | 丙寅 | 地支木 生 天干火 |
| 甲、乙 | 丁卯 | 地支木 生 天干火 |
| 丙、丁 | 戊午 | 地支火 生 天干土 |
| 丙、丁 | 己巳 | 地支火 生 天干土 |
| 戊、己 | 庚辰、戌 | 地支土 生 天干金 |
| 戊、己 | 辛丑、未 | 地支土 生 天干金 |
| 庚、申 | 壬申 | 地支金 生 天干水 |
| 庚、申 | 癸酉 | 地支金 生 天干水 |
| 壬、癸 | 甲子 | 地支水 生 天干木 |
| 壬、癸 | 乙亥 | 地支水 生 天干木 |

## （2）以「食傷助旺突顯食傷」之事象：

如壬子、癸亥柱，從既有的才華、知識、知能、智慧與才藝中擴增技能、舞台、創意、知名度。

例如：我們用既有的才華、透過公開演講、表演來表現我的知識能力；藉由古人的智慧不斷學習知識智慧。又如我們由所累積的技術經驗，學習的技能、才藝繼續演練，擴充智慧並熟練技能。又如畫家、作者、舞蹈家、音樂家利用其既有的能力、才藝、智慧，發表各種創作、創造、畫展、發表會、簽書會或表演、演唱來擴增知名度及技能…等，都是壬子、癸亥柱的特性，此是以日主壬、癸水而言，其它五行依此延申。

| 日主 | 六十甲子 | 以食傷加強突顯比劫之事象 | | |
|------|----------|------|------|------|
| 甲、乙 | 丙午 | 地支火 | 突顯 | 天干火 |
| 甲、乙 | 丁巳 | 地支火 | 突顯 | 天干火 |
| 丙、丁 | 戊辰、戌 | 地支土 | 突顯 | 天干土 |
| 丙、丁 | 己丑、未 | 地支土 | 突顯 | 天干土 |
| 戊、己 | 庚申 | 地支金 | 突顯 | 天干金 |
| 戊、己 | 辛酉 | 地支金 | 突顯 | 天干金 |
| 庚、申 | 壬子 | 地支水 | 突顯 | 天干水 |
| 庚、申 | 癸亥 | 地支水 | 突顯 | 天干水 |
| 壬、癸 | 甲寅 | 地支木 | 突顯 | 天干木 |
| 壬、癸 | 乙卯 | 地支木 | 突顯 | 天干木 |

## （3）以「財星間接引出食傷」之事象：

如甲午、乙巳柱，用錢財、物質、感情的運用中，來增加知名度、技能、擴展舞台。

例如：花錢買頻道，製作節目，展現才能、擴增知名度增加曝光率。利用金錢研發獲高科技技術的提升；購買機器增加產能，用金錢廣告擴增行銷通路。又如繳交學費學習，得各種知識、學術或技能、才藝；又如經營者投下資金與設備從事人才培育、產品研究發展而擴展技能…等，都是甲午、乙巳柱之特性，此是以日主壬、癸水而言；如日主為丙、丁火的人，者為戊申、己酉柱的特性。

| 日主 | 六十甲子 | 以財星間接引出食傷之事象 |
|---|---|---|
| 甲、乙 | 丙辰、戊 | 地支土　受生　天干火 |
| 甲、乙 | 丁丑、未 | 地支土　受生　天干火 |
| 丙、丁 | 戊申 | 地支金　受生　天干土 |
| 丙、丁 | 己酉 | 地支金　受生　天干土 |
| 戊、己 | 庚子 | 地支水　受生　天干金 |
| 戊、己 | 辛亥 | 地支水　受生　天干金 |
| 庚、申 | 壬寅 | 地支木　受生　天干水 |
| 庚、申 | 癸卯 | 地支木　受生　天干水 |
| 壬、癸 | 甲午 | 地支火　受生　天干木 |
| 壬、癸 | 乙巳 | 地支火　受生　天干木 |

# （4）以「官殺周折引出食傷」之事象：

如甲辰、戊，乙丑、未柱，以老闆經營者的職位、身份或勢力的展現中擴展知識和技能、舞台、名氣。

例如：公司老闆因職務之便，而叫員工、職員設計研發各項的產品，因展現獲得知識和技能；老闆或當權者因職務之便，而不斷擴增其舞台。又如在職人員，在於業務的工作裏，熟悉了業務特性學習到該業務的知識技能，增加了工作效率；又如大樓管理人員因職務的需要，而熟悉了每位住戶的興趣、工作，因而擴增其人脈、知能、知識；又如企業主由自身公司經營，改為連鎖經營，增加了管理經營的專業及理念，產品技術之提升…等，都是甲辰、甲戊、乙丑、乙未柱之特性，此是以日主壬癸水而言，其它五行之屬性，以此類推。

| 日主 | 六十甲子 | 以官殺周折引出食傷之事象 |
|---|---|---|
| 甲、乙 | 丙申 | 地支金 受剋 天干火 |
| 甲、乙 | 丁酉 | 地支金 受剋 天干火 |
| 丙、丁 | 戊子 | 地支水 受剋 天干土 |
| 丙、丁 | 己亥 | 地支水 受剋 天干土 |
| 戊、己 | 庚寅 | 地支木 受剋 天干金 |
| 戊、己 | 辛卯 | 地支木 受剋 天干金 |
| 庚、申 | 壬午 | 地支火 受剋 天干水 |
| 庚、申 | 癸巳 | 地支火 受剋 天干水 |
| 壬、癸 | 甲辰、戊 | 地支土 受剋 天干木 |
| 壬、癸 | 乙丑、未 | 地支土 受剋 天干木 |

## (5)以「印星極力尅出食傷」之事象：

如甲申、乙酉柱，從學習、品性、信用、名譽、德行、人格的修為理想中擴增智慧、知能、才藝、舞台、技術、產品。

例如：我們為了追求技能、知識與表現更完善，再去作進修、學習、考取證照；我們為了達到完美的表現，而不斷學習、發明、創造，突破創新理論與技術、才能。又如我們為了提高的品質和信譽，而學習各種知識並提高生產技術、產品；舞蹈家為了舞台上更亮麗的表演，一直上課學習美姿、美儀…等，都是甲申、乙酉柱之特性，此為以日主壬癸水而言；如日主是甲乙木而言，者是丙子、丁亥柱的特性；如以日主為丙、丁火而言，者是戊寅、己卯柱的特性。

| 日主 | 六十甲子 | 以印星極力尅出食傷之事象 |
|---|---|---|
| 甲、乙 | 丙子 | 地支水 尅 天干火 |
| 甲、乙 | 丁亥 | 地支水 尅 天干火 |
| 丙、丁 | 戊寅 | 地支木 尅 天干土 |
| 丙、丁 | 己卯 | 地支木 尅 天干土 |
| 戊、己 | 庚午 | 地支火 尅 天干金 |
| 戊、己 | 辛巳 | 地支火 尅 天干金 |
| 庚、申 | 壬辰、戌 | 地支土 尅 天干水 |
| 庚、申 | 癸丑、未 | 地支土 尅 天干水 |
| 壬、癸 | 甲申 | 地支金 尅 天干木 |
| 壬、癸 | 乙酉 | 地支金 尅 天干木 |

　　以上五項，是食傷所屬的「舞台展現」及「才能、技術之涵義」，而且這些與食傷的義涵方面、相關之功用、人事、性情各類徵象如下：

## 食神：我生為食神、傷官 (能力、部屬)
## 　　　　(同陰陽為食神)

涵義方面：同陰同陽代表可有可無的表現、付出、關心，不一定要說出的話，也代表舞台的表現；辛苦，責任，勞心勞力的付出，我付出愛心、關心的地方，我生是我心甘情願的付出，雖然是主動付出的地方，但卻不是很積極的付出表現，所以表現不是很亮眼，也較不在意對方的感受。

　　　　　　於六親定位法陰陽之屬性是非常重要的，沒有任何理由，不可東拼西湊來改變六親陰陽情性，要熟悉才能靈活運用，如果還不是很熟，請再回頭看「八字時空洩天機－雷、風兩集。」雅書堂出版。

食神功用：（一）剋官殺（傷官剋官、食神制殺，官殺
　　　　　　　　　　可周折引出食傷）

　　　　　（二）生財（財星可間接引出食傷）

　　　　　（三）洩比劫（比劫生食傷；比劫可創造生
　　　　　　　　　　出食傷）

　　　　　（四）耗印（印剋食傷神，印星可極力剋出
　　　　　　　　　　食傷）

　　　　　（五）助食傷（食神加強突顯食傷）


實力方面：十天干為壬水的特性，我想追求的事物，傷
　　　　　官強調外在的展現，而食神代表內在才華的
　　　　　發揮、福氣、溫和厚道、注重一切的過程。


人事方面：代表部屬、員工、晚輩、學生、僕人。女命
　　　　　之祖母、女兒；男命之女婿、孫兒。


性情方面：代表偏於平淡知足、含蓄、保守、純僕，尊
　　　　　奉傳統，有創造力，但給人感覺變化不大；
　　　　　溫柔多情，聰明伶俐，不喜表現，重視精神
　　　　　與物質之協調，有食祿、口福。

# 傷官：我生爲 食神、傷官（能力、部屬） （不同陰陽爲傷官）

**涵義方面：**不同陰陽代表一定要表現的，一定要說出的話，一定要有的舞台、付出、關心；也代表辛苦，責任，勞心勞力的付出，我付出愛心關心的地方，我很心甘情願的付出，而且是積極，主動付出展現的地方，所以在意對方的感受。

於六親定位法陰陽之屬性是非常重要的，沒有任何理由，不可東拼西湊來改變六親陰陽情性，要熟悉才能靈活運用，如果還不是很熟，請再回頭看「八字時空洩天機－雷、風兩集。 」雅書堂出版。

**傷官功用：**（一）剋官殺（傷官剋官、食神制殺，官殺可周折導出食傷）

（二）生財（財星可間接引出食傷）

（三）洩比劫（比劫生食傷；比劫可創造生出食傷）

（四）耗印（印剋食傷，印星可極力剋出食傷）

（五）助食傷（傷官加強突顯食傷）

**實力方面**：十天干為癸水的特性，為我想追求的事物，
食神強調內在能力、才能、實力；傷官代表
外在才華的發揮、才氣、變化、創造力強、
注重一切的結果。

**人事方面**：代表部屬、員工、晚輩、學生、僕人。女命
之兒子、夫家之姐夫、妹夫；男命之祖母、
孫女。

**性情方面**：代表偏於激情進取、任性、樂觀、活躍、驕
傲，天真而具創造力，給人有一種新鮮感，
敢於與眾不同的表現，希望達到完美無缺。

　　以上二十五條事象生成之管道，讀者只要購買「史
上最便宜、最精準、最實用萬年曆」易林堂出版，查
對出您得出生年、月、日、時，再以日柱當主題來對
照這二十五條的十神事象生成管道，您就可以很明確
了解到要如何與周遭的人、事、物相處，而且知道興
趣、人際互動、舞台展現、事業、人生方向，以及如
何運命、用命、知命。

　　在於應用對照時，同一事象其生成之來源，有時並
不僅是單一管道，一件事情的發生，有時候經常是由多
項來促成的。

　　例如：我們對命理有興趣，而到了書局購買命理書籍(印星)而再選購時遇到同好(比劫)此稱由「印星創造生出比劫」，而閒談當中(食傷)，得知某地方有名師(印星)在教授命理，而在結帳時(財星)遇到朋友(比劫)，我將對命理喜好之事告訴他，原來他就是剛才那位同好所說的「名師」，之後就跟隨我這位朋友學習命理(印星)，此時由朋友「比劫」變成老師「印星」，此時是由「比劫間接引出印星」又因我的學習而能學以致用，讓我成為命理名師，教學賺取學費，此時是由「印星周折導出財星」之事象。

　　所以，同一生成事象管道，其所引導而出的事象也非僅限於當下的一種，往往同時促成多項相異之事象。

　　至於，如何確認十神所含射的各種人、事、地、物、性等事象涵義，以及生成事象管道如何導引出各種不同之事象等細節，於「八字十神洩天機－上、中、下冊」所有系類中會有一連串更精細入微的深入理論、案例，敬請期待。

## 十神法對應篇：

　　以下十天干對求財、求事業、求感情不同的解析，此篇文章在民國一百年十二月十日，我在台南市國立生活美學館，附設長青生活美學大學，作成果發表會演說時，引起大轟動，當時的主題是：「總統選情分析」，精準的得票率分析，也讓國際會議廳大爆滿，是首例之舉，在此感謝我所有的工作團隊、師資群、伙伴們的協助，也感謝所有的來賓，由於您的蒞臨，才能讓此次成果發表會演說完美落幕，也感謝館長林案倮先生，及承辦王麗花小姐的協助，才能如此圓滿，再次的謝謝大家，謝謝！

☆使用方法：

　　用萬年曆查出您的年、月、日、時的天干、地支，以天干出現為主體，如出生日為甲木，此甲木即是後面所說的：「◎甲木之人求財或甲木之人求事業或甲木之人求感情」，此法用於內心感受的對待關係，是相當準確的，再配合十神生成事象管道，更是百發百中。

## 第六節.
## 十天干對求財、求事業、求感情的解析

### 1 甲木篇
**甲木之人求財：**
**遇 5 戊土：**

甲木求財有相當的魄力,是個相當有實力有魄力的人,可得到大財,而且得財愈多,身體愈健康,根基越穩固,魅力十足,但要注意引來的桃花風波,八字中有傷官者更驗。

**遇 6 己土：**

稱之甲己合,財總是會主動來找我,但為求財常常委屈求全,有時也失去自己的情性,可說是得財愈多,愈讓我陷入危機當中的一個組合,建議可購買土地來鞏固其根基,讓甲木立於不敗之地。

### 甲木之人求事業：
**遇 7 庚金：**

總是遇到強勁的對手,讓我感到相當大的壓力,事業是在考驗中成長,也造就我的抗壓性,此時宜多學習專業知識及技能,可免於壓力之中。

## 遇 8 辛金：

　　無法說是速成，但可說是垂手可得，努力易看的到成果，事業一直在累積成果，而且年年豐收，真是祖德福蔭，宜繼續積德保福泰。

## 甲木求感情：

## 遇 5 戊土：

　　大樹遇山土，比較不懂的生活情趣，但彼此就是喜歡那一種直接的感情，喜歡被征服的感覺，陶醉在不可言喻的心靈交會之中，只有當事者才能體驗出雷電交感之能量吧！

## 遇 6 己土：

　　彷彿天上掉下來的禮物，讓我滿懷心喜，卻又讓我失去原本的情性，有著剪不斷、理還亂，又愛又恨之感，只能說：「甲木愛的真辛苦」，但其實也是一種甜蜜的負擔。

# 2 乙木篇

## 乙木之人求財：

### 遇 5 戊土：

雖然我很積極，也有良好的機緣，可得財祿，但總覺得力不從心，宜改變求財得方式，或只好等待每年春夏之季的來臨，錢財自然而來。

### 遇 6 己土：

此機會大好不過了，雖然不是大財，但能垂手可得，日日見財，一生不為財所困，而且是個少年得志的組合，宜購買保險或不動產保值，防冬季不必要的虧損。

## 乙木之人求事業：

### 遇 7 庚金：

再難搞的事情，我都可迎刃而解，也可說我相當認真、投入，常常以公司為家，而且能以柔剋剛，這也是我的本事。

### 遇 8 辛金：

得到了成果卻讓我坐立難安，也讓我感到疲憊不堪，能有所成，但每到了冬天，總期待那一道溫暖的曙光快速來臨。

## 乙木之人求感情：

## 遇5戊土：

想擁有，但卻無法掌控，想放棄又覺得那固執的可愛，只能感嘆，愛的很辛苦，但這也是一種甜蜜的負擔可改用甜言蜜語，融化冰山美人。

## 遇6己土：

總喜歡在眾目睽睽之下，証明我們這份真摯的感情，而感受那種黏密的愛，每到黃昏，更期待對方的出現，帶給我那份的安全感。

# 3 丙火篇

## 丙火之人求財：

## 遇7庚金：

雖然我很高調，但也因我的高調、熱情積極，財來的愈多，知名度愈高，錢財不求而入。

## 遇8辛金：

總喜歡按步就班，按表操課，但由於過度投入，反而陷入壓力當中，此時也只能改變我的方法，才能在快樂中求的財利。

## 丙火之人求事業：

### 遇9壬水：

大家看到我總是容光煥發，精神抖擻，因為感情、事業兩得意，如同日照江河，氣勢蓬勃，成為眾人之曙光，而且愈是熱情，愈是滿載而歸。

### 遇10癸水：

想投入又有點反覆不定，如同忽晴忽雨，總讓別人覺得我不夠認真，其實我內心是百感交集的，只能積極行事，化解那不安的情緒反應。

## 丙火之人求感情：

### 遇7庚金：

感情總少了那份甜蜜的溫柔，喜歡將事業、工作帶到屬於我倆的世界當中，也只能用一句話來形容彼此的感受！談感情如同在作戰，但也因此形影不離。

### 遇8辛金：

喜歡對方那種看不透真面目矇矓的美，但也常讓我忘了我那份崇高的地位，總是因為對方而陷入愛的迷失當中，難以自拔，宜小心防範，以免因追求愛情而自我毀滅。

# 4 丁火篇

## 丁火之人求財：

### 遇7庚金：

想用特殊的方法，尋求財星的到來，但總覺得魄力不足，只能改變方法，增加熱情、積極行事，才能得到更多人的認同，用滿滿的關心，才能讓積效彰顯無疑。

### 遇8辛金：

求財能順利、能遇到志同道合的部屬，可並肩努力，達到更好的成積，多用關懷、鼓勵，營造出更亮麗的積效。

## 丁火之人求事業：

### 遇9壬水：

努力耕耘，親身示範，帶給我事業扶搖直上，因而鞏固我的職位與權利，也帶來名望及地位，但內心總覺得那份不確定的不安全感。

### 遇10癸水：

愈是戰戰兢兢，愈看不到任何的成效，愈投入，愈讓我深陷沼泥當中，而壓力重重，只能用隨緣兩個字，才能燃起我更多的希望、遠景與鼓勵。

## 丁火之人求感情：

## 遇 7 庚金：

只能用溝通來達到兩人的共識，但總覺得愈投入、愈在意，對方的反擊愈大，也只能用甜言蜜語來改變對方那固執的愛，期待不同感受的到來。

## 遇 8 辛金：

一見如故，情投意合，再意浪漫的感受，如同前世修來的好緣份，愈是隨緣，卻讓對方覺得那酷酷的迷人，而深陷愛的甜蜜當中。

# 5 戊土篇

## 戊土之人求財

## 遇 9 壬水：

本身防衛心較重，所以較適合掌管財務之人，但對自己的錢財比較迷糊，不會理財，求財只要積極主動，自然大船入港。

## 遇 10 癸水：

從不會虧待自己，時常犒賞自己，會將錢花在自己的身上，所以錢財容易守不住，會超出自己的能力範圍，如不夠主動、積極，總是人兩腳錢四腳，再追也追不到。

## 戊土之人求事業：

### 遇1甲木：

　　宰相心中能乘船，所以心胸有多寬，事業就有多大。經營事業是我生命中的一部份，而且我能享受事業發展過程中帶來的喜悅，喜歡與事業為伴，且能將事業做的有聲有色。

### 遇2乙木：

　　工作場所不喜歡與住家在一起，喜歡享受下班後寧靜的生活，不喜歡工作來約束我，總認為身體比工作更為重要，是懂得在工作中找快樂的人。

## 戊土之人求感情：

### 遇9壬水：

　　對方感情如果顯現過於澎湃，會有種不切實感，無法從行動中來判斷這段感情是否真假，因此會產生不安全感的感覺，因而對於取、捨陷入於兩難之中，想擁有，又不想因感情帶來的牽絆。

### 遇10癸水：

　　對方愈是忽冷忽熱，就會愈心急，愈想掌控對方的一舉一動，因為本身對感情較固執、沒安全感，也不懂得溫柔、浪漫，怕會失去好緣份，只有展現熱情、甜言蜜語，才能天長地久。

# 6 己土篇

## 己土之人求財

### 遇9壬水：

喜歡在有挑戰性的環境當中，才能証明自己的實力；所以也覺得自己一直是在勞碌當中求得的財富，其實這也是自我肯定的一個方法。

### 遇10癸水：

喜歡尋找事半功倍之法門，也常常覺得自己有好的福蔭，錢財老天爺會自動送上門來，所以不夠積極、主動，最後反而覺得虛有其表，宜多學習專業知識，才不會辜負老天爺給您的機會。

## 己土之人求事業

### 遇1甲木：

工作機會總是來得容易，有時會得意忘形，而輕敵造成客戶群流失，也因此造就了我以事業、工作為家，而忘了另一半的存在，也是一個非常執著於工作之人。

### 遇2乙木：

對事業、工作而言，是我的最愛，我執著於事業，也輕而一舉的掌控了事業的成長性，眼看事業體一直成長，是我最大的成就與喜悅，但也常有渡小月之嫌。

## 己土之人求感情：

## 遇 9 壬水：

想擁有對方、佔有對方，又喜歡被約束的感覺，然而又覺得不自由想逃避，但一切為時已晚了，因為你已難逃如來佛的神掌。

## 遇 10 癸水：

如同天上掉下來的禮物，整天黏密在水土交溶當中，讓旁人都羨慕為神仙眷侶，但卻讓家人誤以為胸無大志，因為您就是少了陽光的活力與動力。


# 7 庚金篇

## 庚金之人求財：

## 遇 1 甲木：

賺錢陶醉在那種速度的快感，讓旁人趨之若驚、退避三分，但也証明了自己的魄力，快、狠、準，有如大將之風，親臨戰場、橫掃千軍。

## 遇 2 乙木：

常因此忘了賺錢的目地，看錢財為身外之物，也喜歡用感性的態度來取得財利，是一個會將成果分享的人；但如太過於急促，反而財來財去，只能說：愈是隨緣，機會反而更多。

## 庚金之人求事業：

### 遇3丙火：

喜歡與志同道合之人，並肩作戰，一戰成名，也喜歡用熟悉的工作伙伴，在職場上是一位可敬的對手，其氣勢也常讓對手感覺「挾天子以令諸侯」。

### 遇4丁火：

有魄力，但就是不積極，有機會，但市場就是不熱絡，只有緊跟名望之人，才能扳回一成，也只能積極，才能創造出好的業績。

## 庚金之人求感情：

### 遇1甲木：

談戀愛總喜歡將工作話題帶進來，就是少了那份浪漫及溫暖的氛圍，喜歡那一種直接的衝動，喜歡展現擁有的成就，用行動來証明自己的愛。

### 遇2乙木：

喜歡對方的柔情，希望對方能將柔情融入他的生活中，擁有對方，也因而讓對方失去自我，身陷壓力當中，其實對方是在享受著甜蜜的負擔。

# 8 辛金篇

## 辛金之人求財：

### 遇 1 甲木：

　　賺錢喜歡以興趣為主，不以多寡為衡量，而且戲棚下站久了就是我的，有如同辛苦培育的果樹已長大，陶醉在每天豐收的喜悅當中。

### 遇 2 乙木：

　　錢財來的快速，也常財來財去，容易重新開創，但我就是喜歡這種播種、耕耘的喜悅，以証明自己的實力，但也常常在反覆其事，循環不已。

## 辛金之人求事業：

### 遇 3 丙火：

　　執著於事業，凡事必躬親，相當投入，而且能將事業轉型，改變型態，創造佳績，每一步都是創新之舉，是位才智兼備之人。

### 遇 4 丁火：

　　對工作相當投入，而且廢寢忘食，也因此帶給我相當大的壓力，想放棄改行，但又騎虎難下，而將工作視為是最大的責任與壓力。

## 辛金之人求感情：

### 遇1甲木：

喜歡愛情長跑，陶醉在戀愛中，享受愛情成長的甜蜜，但總覺得對方不懂情趣，太過刻板，讓我如同對牛彈琴，只好慢慢再培養情趣吧！

### 遇2乙木：

希望對方給我被愛的感覺，也希望給我愛的肯定答案，讓我享受這甜蜜豐收的果實，但因此讓我走入婚姻的墳墓當中，也讓對方造成相當大的壓力。

# 9 壬水篇

## 壬水之人求財：

### 遇3丙火：

賺錢總喜歡高調，喜歡賺大財，知名度愈高，錢財賺得愈多，內心感到更多的踏實感，而且喜歡名車代步，求財階段會跟有名望之人有所接觸。

### 遇4丁火：

賺錢喜歡默默耕耘、低調行事，但卻也將自己的實力曝露出來，求財有時是憑感覺，喜歡掌控與擁有，從賺錢當中，展現自己的才華能力，達到自身的滿足與喜悅。

## 壬水之人求事業：

## 遇5戊土：

愈多的主動，反而會得到愈多的阻礙，也易引來對手的防禦之心，只能用熱情、噓寒問暖，關心對方、包容對方，去瞭解知道對方需要什麼？才能擴充更大的事業版圖。

## 遇6己土：

喜歡直接、主動、侵伐，讓人迅雷不及掩耳，將對手打敗，是我做事業的風格，讓對手覺得我是他可敬可畏的對手，而且對事業的經營我是信心十足的。

## 壬水之人求感情：

## 遇3丙火：

喜歡來一場轟轟烈烈的感情，以証明自己在感情上的魅力是無法可擋的，也喜歡將這份感情告訴大家，分享我倆的甜蜜，能相互配合，彼此襯托對方，以另一半為榮，而且能塑造對方成為出類拔萃之人。

## 遇4丁火：

喜歡用佔有的方式來求取得對方的愛，而倆者也常在戀愛當中，忘了自己有更多的任務要去執行，只能提醒對方，在我倆忘情之時，別忘了，明天的功課還未完成。

## 10 癸水篇

### 癸水之人求財：

### 遇 3 丙火：

忽冷忽熱的情緒，讓財難以聚集，也常因好客或爭著要付帳，而財來財去；唯有主動積極、熱情、穩定情緒，錢財自然而來。宜購買不動產保值

### 遇 4 丁火：

花錢總是不手軟，少了理財的觀念，致使錢財不聚，心血來潮時，如同鬼上身，不知節制，易因衝動而花錢買東西，唯有買儲蓄保險或學習新的東西，才能穩定財的支出。

### 癸水之人求事業：

### 遇 5 戊土：

從事任何的事業，總無法得心應手，雖然經驗相當豐富，但總覺得非常的陌生，也喜歡自在不受約束的工作屬性。建議多學習一些管理課程，自然與工作更契合。

### 遇 6 己土：

一直在尋找好的方法，而常常錯失良機，俗語說：「好好的一隻鱉，殺到屎流。」意指將好好的機會搞砸了。建議多請益學者，或跟著成功者的腳步，必有大收穫。

## 癸水之人求感情：

### 遇3丙火：

兩人的感情常常處於情緒不穩定的狀態，或許是表達的太直接，而讓對方臉紅心跳，嫌不夠羅曼蒂克，其實我只是喜歡唸唸開個玩笑，也不喜歡拐彎末角而已。

### 遇4丁火：

因為我講話直接，而傷害到了對方，其實我也知道要對對方多加的體貼；只要相隔兩地，就會引起那諸多的思念，但一碰面就產生了口角是非，真是口是心非，只怪自己死鴨子嘴硬。

## 第七節. 十二宮位解析：

### 1. 命宮：長相、個性、心性論斷法

顯示出個人的特性、樣貌、本質及特有的才華、能力，以及面對未來的一切人、事、物。此宮位為日柱干支稱命宮。

### 2. 兄弟宮：兄弟姊妹緣份、成就論斷。

表示兄弟姐妹之間緣份的深淺，和他們彼此間的互動關係，是否能得到有才華、能力的兄弟姐妹之幫助。此宮位以月柱干支配合日支為主，再以比肩、劫財之星作定位，與日柱(也可為婚前的兄弟宮)的互動關係。

### 3. 夫妻宮：夫妻先天命卦合參、桃花、感情、婚姻、外遇及夫妻緣份之論斷。

表示個人所喜愛的理想伴侶，與對婚姻的掌握程度，與其配偶之間的互動關係，夫妻間精神生活上的事項。此宮位為日支稱之夫妻宮，配合財官之互動關係。

### 4. 子女宮：子息緣份及成就論斷。

表示你的子女性格、思考羅輯、情性、專長所顯示出來的行為，也可以知道你與子女之間彼此的互動關係。此宮位為時柱，稱之子女宮，男命配合官殺論斷，女命配合食神、傷官論斷其互動關係。

## 5. 財帛宮：財富、事業成就論斷。

表示個人的財源、理財能力、財務狀況？是否擁有財富理財的能力、收入與支出的平衡。此宮位以**月支或時柱稱之財帛宮**，配合食神、傷官、財星論斷其互動關係。

## 6. 疾厄宮：疾病、傷害、疤痕申論類化論斷。

可代表個人的身心與健康情況及體質，只要懂得日常保養，有健康的身心、身體就可以創造出幸福。此宮位以**日柱稱之疾厄宮**，配合月柱、時柱（也為疾厄宮）之互動關係作為論斷。

## 7. 遷移宮：外出、求財類化論斷。

表示環境的變化，人際關係以及對運勢的影響及個人的外交能力，和外出狀況的發展是否順利。此宮位以**時柱稱之遷移宮**，配合年柱及日柱之互動關係。

## 8. 交友宮（奴僕宮）：朋友、客戶緣份或成就論斷。

表示個人與朋友、同事之間的偏好、興趣、喜好的各種互動關係，及面對各種事物的反應。此宮位以**時柱稱之交友宮**，配合比肩、劫財之互動關係。

## 9. 官祿宮：考運、學業、事業成就、官貴、身份地位論斷。

表示個人求學時期的學業成績，或對事業所追求的企圖心，與事業上所發展的情況，及整體運勢。此宮位**以月柱稱之官祿宮，以時柱論之事業宮**，再配合印星、官殺、財星之互動關係。

## 10. 田宅宮：陽宅、方位及居家環境申論類化。

表示個人的不動產、土地及居家、陽宅的生活環境的事物，有土地也是真正的財庫位。此宮位以**時柱稱為田宅宮**、配合印星及辰、戌、丑、未之互動關係。

## 11. 福德宮：祖先福蔭、祖墳陰宅、長輩提攜、精神、物質論斷法。

表示個人有關精神方面或物質方面的享受，祖德的福份多寡也可知道你對物質上的享受。此宮位以**年柱稱之福德宮**，配合月柱、印星、財星之互動關係。

## 12. 父母宮：父母宮位、緣份、助力論斷法。

表示父母的性格、特質，以及面對事物的反應，父母所教導我的方式與態度，也可知道你對父母親的看法。此宮位以**月柱稱之為父母宮位**，配合年柱、日柱及印星、財星之互動關係。

# 第八節. 快、狠、準的十神直斷秘訣

　　此直斷秘訣來至家父「王福寶」與恩師「王長壽」的八字論命捷徑，此為兩位恩師他們早期師承口傳心授的論命訣竅，又稱天機秘論，他們在學習的過程中，都是師父口述，弟子筆錄，此經由兩位恩師的許可答應，特此公開與有緣人分享，總共有一千零八十條，分天地人三集，請拭目以待。在此也感謝兩位恩師不吝教導，感恩、感恩！

　　以下因編幅的關係，再每個標題下，只用簡單的一至二項口訣作序述，於「八字十神洩天機-中、下冊」會有更詳細、完整的八字論命捷徑公開呈現。

## ※斷多母
◎財星旺秉令，印星伏藏不現，庶出所生。
◎全局只見偏印而無正印者。

## ※斷長瘤：
◎土主生化，水為流通。土為一塊塊的東西，子未、丑未、未戌同現易得癌症。
◎時柱午、未、戌時生者，子宮易長腫瘤。

## ※斷意外命：

◎原局木受沖剋，易有意外之災。

◎命局巳火被亥水沖，易有災害。

## ※斷常作夢：

◎五行無水，易使火上升，火主亢奮，會興奮的睡不著，
　腦神經過份活躍，便會作夢。

## ※從命局看祖父（或祖父輩）有雙妻之秘訣：

◎年柱合月柱又合時柱，祖父易有雙妻。

◎食傷合官殺祖父或祖父輩易有雙妻（無合不論）。

## ※從命局看男女命情色不斷之秘訣：

◎命局太躁熱、水受傷或水過少之人，不論男女，均受
　情色之害。

◎男命日主多合或剋過多，情色不斷。

◎女命日主多合或受剋過多，易情色不斷。

## ※斷男命好色：

◎日主多和又偏才多好色、多妻妾。

◎食神、傷官透出喜歡表現、愛浪漫。

## ※從命局看妻外情秘訣：

◎妻命局官殺同時貼身(月、時)，無它星來剋殺或合殺，必給夫君戴綠帽。

## ※斷婚姻不順：

◎八字日主多合、多剋，五行太強、太弱、多合、刑沖太過。具備以上二項，婚姻就不順。

## ※從命局看母親有外情秘訣：

◎原局印星被合，母親有外情。

◎印星與財星遙隔，有它星來剋合印星，母親有外情。

## ※從本命局看男友或丈夫被奪秘訣：

◎官殺被比劫合，男友或丈夫易被奪之象，乃爭合所致。

## ※斷有二次婚姻：

◎女命局官殺被合，有二次婚姻。

◎夫星同時生兩個宮位，易有二次婚姻。

## ※從命局看父親有多妻秘訣：

◎財星雙合，父必雙妻。

◎財星同時生或剋兩個宮位，父有雙妻。

## ※斷婚前女友變卦：

◎財星逢沖在前，而後日柱合財星，斷娶失貞的女人為
　妻。

## ※斷妻是二手貨：

◎正財被沖剋在先，而其次，再合入妻宮，自己的對象
　是先跟別人離開，再跟自己來合的二手貨。

## ※斷夫死：

◎夫星入墓氣弱，墓庫被引動。

◎夫星入墓氣弱，流年引動。

## ※斷婚前失身與女命晚婚：

◎食傷在年月柱奉子女之命結婚。

◎流年與日柱天剋地沖之年不可結婚。

## ※斷女友被奪：

◎婚前女友定位在月被年合為被奪。

## ※看女人流產秘訣：

◎子息宮與羊刃合或逢合、沖，曾有流產之事。

## ※驛馬的用法：

◎驛馬逢沖在年月，少年時多次搬家。

◎比肩坐驛馬，兄弟姐妹在遠方。

## ※斷長相像父親還是像母親：

◎食傷財星旺者像父親，官殺印星旺者像母親。

◎印貼近日主者像母親。財星貼近日主者像父親。

## ※斷女命有泌尿系統之病：

◎女命時支午時或未時生者，易有泌尿系統之病。

## ※斷好賭博：

◎劫財旺生傷官者，喜歡賭博。

◎財生七殺剋身旺者，喜歡賭博。

## ※斷賺來的錢去向：

◎賺的錢易被別人支借，或花在父母身上，只要財合印是花在父母身上，被比劫所奪，是花在兄弟、朋友身上。

## ※斷依賴性強：

◎印星旺的人稱母慈滅子，依賴性特別強。

◎日主旺的人都很有主見、個性倔強。

## ※斷妻子多病：

◎妻宮坐羊刃，如丙午、己巳、戊午、壬子、癸亥者，
　妻子進門後，身體差，大病沒有，小病不斷。

## ※夫妻學歷差距：

◎日干與日支同一個五行，夫妻學歷相等。
◎日主旺盛、男命財星也旺，夫妻學歷相等。

## ※斷求學中斷：

◎年月印星受傷或食傷，學歷不高。

## ※斷重義不重財：

◎偏財旺而透干喜歡助人，重義不重財。

## ※看貪污犯秘訣：

◎羊刃頭上為財之人，易因偷盜貪污而入獄。

## ※斷與子息緣薄：

◎女命子息宮逢沖剋或伏吟或食傷逢沖剋。

## ※兄弟姊妹夭折或出養他人：

◎比劫入墓又逢刑沖，兄弟姊妹有損或早夭。

## ※斷喪父：

◎男命偏財逢沖、合入墓中，偏財引動入墓又逢三刑。

## ※斷四十歲前事業不穩定：

◎年月柱官星天剋地沖或官星無力，四十歲前事業不穩
　定。

## ※斷身上留有疤痕：

◎年支辛金剋乙木頭上有傷疤。

◎羊刃在哪裏，傷就在哪裏。

## ※斷有血光之災：

◎水火相沖，血光之災。地支子午沖、巳亥沖。

## ※斷青年與中年運限的劫難：

◎月柱與年柱天剋地沖，青年運限易有劫難。

## ※斷常陰靈入侵：

◎八字中木盛剋土且體弱，易見鬼。

## ※對兄弟姐妹的看法：

◎年月比劫星坐死墓絕空亡，兄弟有損傷或夭折。

## ※對婚前戀愛的看法：

◎結婚的流年地支與月支（父母宮）刑沖，雙親會反對，
　有阻礙。

## ※婚姻不順的看法：

◎夫妻星無法進入夫星宮者。

◎夫妻星太強、太弱、多合、刑沖太過。

## ※財運的看法：

◎財宜藏，藏則豐厚，財有庫，發則能存。

◎八字有財，衣食不缺。

◎日主有力、財多、官多，錢財稱意。

## ※地理環境的看法：

◎四柱水旺家居水澤附近。

◎四柱木旺、土旺家居公園或學校附近。

◎四柱火旺，家居易在熱鬧之環境或加油站旁，或工廠
　旁邊。

◎四柱戌、丑土旺易居住於農村或山丘之地。辰、未土
　旺易居於車水馬龍之店面或高密度的住宅區。

◎庚、辛遇土可斷鐵皮屋，又遇水可斷鐵皮屋漏水。

## ※老婆娘家的遠近：

◎財星在年月柱，娶的是同鄉女或離妻娘家近。

◎財星貼近日干，老婆與娘家互動好，而且常回娘家。

## ※論婆媳關係：

◎天干財印相剋，地支財印相沖，印旺而財衰，婆媳關係不好。但如果財是木，印是土，反而感情是黏密的。

## ※酒量的看法：

◎土多火旺的人酒量最好，因燥土吸水能力最強。

◎燥土多、火多、水少喜歡喝酒，酒量大，千杯不醉。

## ※病傷：

◎陽刃在哪傷在哪。年柱為頭，月柱為胸，日柱為腹，時柱為下腹部、腳。

# 第九節. 十神與心性的展現

　　十神之星宿各有其代表意涵，但於平常生活習性裏，其表現形於外的與內在的心性表現為何呢?本單元將其特性、心態、性質作單一的解釋，讓您得心應手，掌握住其心性，但因編幅的關係，只作部分序述。

應該：正官。

付出：傷官或食神。

正印：氣勢不凡的先知。

確定：正印。

不滿足：傷官兼正財。

善心：食神兼正印。

劫財：善與人際互動的謀略者。

溫順：食神，或正官，或正印。

暴躁：傷官兼七殺兼劫財。

正財：知足常樂者。


正官：正直好人好事的代表。

七殺：魄力威武不的戰者。

食神：有福祿的自在者。

偏財：願意付出的善者。

失權：正印、偏印逢沖。

偏印：鬼點子多者。

謹慎：正印，食神。

比肩：社交強的能者。

傷官：多才多藝的才者。

分享：劫財、羊刃多者。比劫透干者。正偏財在天干，
　　　財星遇劫者。食神不被破壞，食神多者。

賢妻：男女命正印得位，食神得位，正官得位，柱中見
　　　天月二德，正財、正印得位。

拖延：正印過多，正官過多，官殺過多，土過多，食神
　　　過多，做事常前進不果、拖延。

好酒：八字有酉亥、酉子日干為金水土，日柱天赦日生
　　　者為戊寅（春天生）、甲午（夏天生）、戊申（秋
　　　天生）、甲子（冬天生），月令沐浴，火炎土燥
　　　都為好酒者。

近視：八字水火交戰、丙丁火同現。

散光：丙火被辛合、丙壬同出。

破財：年歲逢比肩、劫財、羊刃剋命局財星。


花財：日主無法掌握流年、月之財星，為之花財。

得財：日主能掌握流年、月之財星，稱之得財。

骨折：巳亥沖、寅申沖、戌亥同現。

腰痛：地支為卯辰、子未二字、寅亥合，金木相戰，壬
　　　癸水弱，戊己土重重。

攻擊力：七殺、劫財（羊刃）、傷官、比劫多者。

可能嗎？：正官兼傷官，或七殺兼傷官。

好奇心：傷官。

侵略者：傷官兼劫財。

意志力：正財兼七殺。

逢場作戲：傷官透干、傷官見官。官殺混雜、食傷混雜、
　　　　　　正財帶合。

腸胃不好：八字有土剋水，八字木多剋土、火土燥熱。

威權主義者：七殺。

好名好利者：好名即為傷官，好利即為正財，故而名利
　　　　　　的愛好者，為傷官加正財旺者。

五術研究者：華蓋、偏印、傷官、食神多者、偏財多者。
　　　　　　正印受傷。身體多病者、家庭運不佳者。

無紀律無組織：傷官無印制，驛馬逢沖，劫財、羊刃旺
　　　　　　　盛無制。日支亥水無制，無透丙者。


☆以上為八字論命之訣竅、口訣，因編幅的關係，只
　作部分序述介紹，於往後著作「八字十神洩天機」
　系類中及「八字時空洩天機」系類中有更完整、更
　多、更多的斷訣、應用及實例分析，讓您快速掌握
　八字命理精髓，成為一代八字大師。
　**請拭目以待！**


　　感謝您再次閱讀易林堂發行之著作，也歡迎
您加入「太乙文化事業終身師資班」的學習行列，
減少走很多的冤枉路，及減少花費冤枉錢。

# 太乙（天易）老師經歷簡介

經歷：79 年成立太乙三元地命理擇日中心，開始從事
命理諮詢、陽宅、風水、堪輿服務，目前積極從
事推廣五術教育，用大自然觀象法理論教學及諮詢服務。
　　現任台南市救國團命理五術指導老師
　　台南市國立生活美學館（前社教館）授課老師
　　附設長青生活美學大學（前社教館）授課老師

# 太乙（天易）老師著作簡介

七九年統一日報命理專欄作家，著作「果老星學祕論」。
八十年著作中原時區陰陽對照萬年曆，文國書局出版。
九九年十月著作的中原時區陰陽對照彩色版萬年曆。
一百年八月著作「窮通寶鑑評註」，筆名：太乙 。
一百年十月著作「八字時空洩天機-雷集」。雅書堂出版
◎一零一年三月出版「八字時空洩天機-風集」。雅書堂
◎一零一年七月出版「史上最便宜、最豐富、最實用彩
　色精校萬年曆」易林堂文化出版
◎一零一年八月出版《教您使用農民曆》易林堂出版
◎一零一年九月出版《教您使用農民曆及紅皮通書的第
　一本教材(上冊)》。易林堂文化出版
◎一零一年十一月《解開神奇數字代碼一》易林堂
◎一零一年十二月《解開神奇數字代碼二》易林堂
◎一零二年元月《八字十神洩天機-上冊》易林堂
◎一零二年二月《八字決戰一生》易林堂

## 本書編著，服務項目

★陰、陽宅鑑定，鄰近地區每間、每次壹萬陸仟捌佰元。

★現場八字時空卦象解析論命，每小時貳仟肆佰元整，
　超過另計（每十分鐘肆佰元整），以此類推。

★細批流年每年六仟六佰元整。

★取名改名每人六仟六佰元整

★姓名鑑定隨緣。

★剖腹生產擇日壹萬陸仟八佰元整。

★一般擇日每項六仟六佰元整　（一項嫁娶）（二項. 動
　土、上樑、入宅 ）（ 三項. 入殮、進塔 ）

**請事先以電話預約服務時間。以上價格至民國 105 年
止，另行調整。**

★八字時空卦高級班、終身班傳授面議。（不需任何資
　料直斷過去、現況、未來）。

★直斷式八字學終身班，傳授面議。

★十全派姓名學傳授面議。

★手機、電話號碼選號及能量催動傳授。

★陽宅、風水、易經六十四卦陽宅學傳授面議。

★九宮派、易經六十四卦、玄空、陽宅學傳授面議。

★**整套擇日教學**：一般擇日、入宅、安香、豎造、
　喪葬課、嫁娶結婚日課、 地理造葬課傳授面議。

★**兩儀**：數字卦傳授教學《神奇數字代碼的實戰應用》
　以上的教學一對一為責任教學，保證學成。

☞預約電話：0982571648　　0929208166
　　　　　　（06）2158531　　楊小姐

☞服務地址：台南市南區國民路 270 巷 75 弄 33 號

## 開啓八字命運的金鑰匙

### (長長久久終身八字職業、師資班面授總課程表)

課程內容:

1. 五行及十天干、十二地支申論類化
2. 八字排盤定位、大運、流年　3. 地支藏干排列組合應用法
4. 十神申論類化，六親宮位定位法則
5. 刑、沖、會、合、害、申論、變化、抽爻換象法
6. 格局取象及宮位互動變化均衡式論命法
7. 十二長生及空亡應用論斷法。　8. 十天干四時喜忌論命法
9. 長相、個性、心性論斷法。　10. 父母宮位、緣份、助力論斷法
11. 兄弟姊妹、朋友、客戶緣份或成就論斷。
12. 桃花、感情、婚姻、外遇及夫妻緣份之論斷。
13. 夫妻先天命卦合參論斷法　14. 考運、學業、成就論斷
15. 子息緣份及成就論斷。　16. 財富、事業、官貴、成就論斷。
17. 疾病、傷害、疤痕申論類化論斷。
18. 神煞法的應用、論斷及準確度分析。　19. 數目字演化論斷。
20. 陽宅、陰宅、方位及居家環境申論類化。21. 六親定位配盤法。
22. 大運準確度分析、流年、流月、流日起伏論斷、應期法
23. 掐指神算演化實戰法(不需任何資料就能掌握住對方的
　　過去、現況及未來，快、狠、準)
24. 六十甲子論斷法，一柱論命法，將每一柱詳細作情境解
析。及一字論命法、氣候論命法、時間論命法。
25. 干支獨立分析論斷法。　26. 命卦合參論斷法
27. 奇門遁甲化解、轉化法。　28. 奇門遁甲時空造運催動法。
29. 綜合實戰技巧演練，及成果分享。

### 以上課程總時數約 80 小時(含演練，及成果分享)

◎課程前 20 分鐘複習上一堂的課程，以便進度銜接

◎課程以小班制為主，7 人以上開班(不足七人將會縮短時數)

◎另有一對一的課程，時間彈性，總時數約 56 小時(7 個月之內完成)，也可以速成班方式學習，馬上能學以致用。

以上 1～8 大題讓你將五行、十天干、十二地支、十神、六親及刑沖會合害，深入淺出，往下延伸類化，是實戰重要的築基篇，不可跳躍的課程。

9～18 大題是人生的妻、財、子、祿論斷技法分析演練，讓你掌握住精髓，快速又準確。

19～23 大題是職業八字論斷秘訣，是坊間千古不傳之祕，讓你深入其中之祕，讚嘆不已。

24～26 大題，讓你一窺八字結合易經、數字之妙，體悟祕中精髓，深入觀象類化，再窺因果之祕。

27～28 大題，讓你掌握造運之竅，催動無形能量，創造磁場。

◎上課中歡迎同學提問題發問，乃可當實例解說，所以以上的課程內容及應用論斷法，會以同學提出的案例解析，直接套入應用說明演練，及分發前幾期同學的上課實錄筆記，作為直斷式解說演練。

課程結束後，不定時回訓及心得分享

◎有再開八字課程時，可無限期旁聽複訓◎

歡迎您加入「太乙文化事業終身師資班」的學習行列，讓您減少走很多的冤枉路，及減少花費冤枉錢，快速學以致用。每逢星期三、四、五開八字終身班課程，歡迎電話洽詢安排時間。

102 年 1 月 16 日已開課，歡迎插班加入學習行列

**八字時空洩天機【雷集】 軟皮精裝 訂價:380元 作者：太乙**

　　《八字時空洩天機》是結合「鐵板神數」之理論，利用當下的時間，作為一個契機的引動，也將一個時辰兩個小時的組合轉化為一百二十分鐘，再將一百二十分鐘套入於十二地支當中，每十分鐘為一個變化、一個命式，套入此契機法，配合主、客體的交媾直斷事項結果，結合第五柱論命的原理，及易象法則與論命思想精華匯集而成的一套學術。　本書突破子平八字命理類化的推命法則，及同年同月同日同時生的迷惑，而且其中的快、準、狠讓求算者嘖嘖稱奇。以最自然的生態、日月運行交替、五行變化，帶入時空，運用四季，推敲八字中的奧妙與玄機。

**八字時空洩天機【風集】 軟皮精裝 訂價:380元 作者：太 乙**

　　《八字時空洩天機》是結合「鐵板神數」之理論，利用當下的時間，作為一個契機的引動，也將一個時辰兩個小時的組合轉化為一百二十分鐘，再將一百二十分鐘套入於十二地支當中，每十分鐘為一個變化、一個命式，套入此契機法，配合主、客體的交媾直斷事項結果，結合第五柱論命的原理，及易象法則與論命思想精華匯集而成的一套學術。《八字時空洩天機》【風集】則從最基礎的《易經》卜求、五行概念、八字基礎，以十神篇，說明《八字時空洩天機》的命理基礎，再運用契機法，算出自己想知的答案，讓你在輕鬆的氛圍中，領悟出相關卦象及自然科學生態循環之要點，不求人地算出自己的前程未來。

**心易姓名學　作者　張士凱　易林堂出版　定價：320元**

　　中國文化五千年來，老祖先的智慧「山、醫、命、相、卜」，而姓名學為相術的應用，也就是觀察字的意涵和數字五行「木、火、土、金、水 」的概念，以及五行的「生、剋、平」所產生的現象，和五行情性特質。本書探討數字的含意，以及五行「生、剋、平」和五格本身含意的說明。兩格之間「生、剋、平」的論法，以及如何論斷的應用說明，讓您見識到心易姓名學的魅力。

八字快、易、通　作者：宏宥　易林堂出版　定價：398 元

　　【八字 快、易、通】本書內容運用十天干、十二地支，透過大自然情性法則，解析五行的屬性、特質、意義。五行間的生剋變化，構成了萬物和磁場之間的交互作用，為萬物循環不息的源頭。本書捨棄傳統八字之格局、用神、喜忌，深入淺出之方式讓初學者很快進入八字的領域，為初學者最佳工具書。本書內容在兩儀卦象、直斷式八字與時空卦的運用皆有詳細、精闢之論述。

> 八字
> 快、易、通

## 面相課程內容及大綱

1. 人的五行形相：是將各種不同形貌氣質之人加以分類、歸納出五種五行(木、火、土、金、水)形象。
2. 人的體相質地：透過第一眼印象即可判斷其個性、特質、喜好。
3. 面相術語：了解各部位名稱為進入面相的第一步驟。
4. 面相 12 宮位置：十二宮位部位的範圍認定。
5. 面相 13 部位置：以天地人三才為依據，也為面相之重要概念。
6. 上停位：先天祖上福德、公司優劣、少年階段。
7. 中停位：人際關係、財富。8. 下停位：老年榮衰、土地、田宅。
9. 十二宮相法大顯神通：

一. 命宮：事業、命運。　　　二. 兄弟宮：兄弟、財、壽。
三. 夫妻宮：婚姻、情人。　　四. 子女宮：子女、性慾。
五. 財帛宮：財富、積蓄。　　六. 疾厄宮：健康、刑厄。
七. 遷移宮：外出之成就。　　八. 奴僕宮：僕役、恆財。
九. 官祿宮：名譽、地位。　　十. 田宅宮：住宅、親情。
十一. 福德宮：福德、福廕。　十二. 父母宮：與父母之緣份。

10. 分類相法概說：頭額、面頤、眉、眼、鼻、嘴、耳、人、中、齒、痣、痕、斑。
11. 流年運：流年行運之吉凶禍福。
定位流年法、九執流年法、業務流年法、
三停流年法、耳鼻流年法。
12. 氣色：質與氣交媾而顯現於外之形式。
13. 透過上課直接觀相及演練。

◎　初階，時數 13 小時　　中階，時數 13 小時
◎　高階，時數 16 小時　　合計費用 $58000 元，共 42 小時

## 上課報名預約專線: 0921021360　宏宥老師

◎ 面相論斷、教學　　　◎八字、時空卦論斷、教學
◎兩儀卜卦論斷、教學　◎陽宅規劃、鑑定、教學

## 諮詢論命預約專線: 0921021360　宏宥老師

國家圖書館出版品預行編目資料

八字十神洩天機 / 太乙編著 ― 初版 --
臺南市:易林堂文化, 2013.01-
冊 ; 公分
ISBN 978-986-88471-7-0 (上冊:平裝)
1.命書 2.生辰八字

293.1                                   101028011

## 八字十神洩天機-上冊

作　　者 / 太乙
總 編 輯 / 杜佩穗
執行編輯 / 王彩黛
發 行 人 / 楊貴美
美編設計 / 圓杜杜工作室
出 版 者 / 易林堂文化事業
發 行 者 / 易林堂文化事業
地　　址 / 台南市中華南路一段186巷2號
電　　話 / (06)2158691　傳　真 / (06)2130812
郵局帳號：局號 0031204　帳號 0571561　戶名：楊貴美
電子信箱 / too_sg@yahoo.com.tw
2013年1月15初版

總 經 銷 / 紅螞蟻圖書有限公司
地　　址 / 台北市內湖區舊宗路二段121巷28號4樓
網　　站 / www.e-redant.com
郵撥帳號 / 1604621-1 紅螞蟻圖書有限公司
電　　話 / (02)27953656　傳　真 / (02)27954100
定　　價 398元